クリニック未来予想図 2035

NEXT DECADE CLINIC

ドクターズ・ファイル編集部
クリニック未来ラボ

プレジデント社

はじめに～劇的に変化する医療業界を、「開業医白書」をもとに紐解く

私たちは「ドクターズ・ファイル」という医療情報メディアを通じて、20年以上にわたって医療現場の課題解決に力を尽くしてきました。その間、取材した医師は3万人近くにのぼりますが、ここ数年、現場で耳にする先生方の悩みが、複雑かつ多様化しているのを肌で感じています。急速な高齢化、人口減少時代に突入している中、社会全体の価値観が変化してきているわけですから、課題や悩みが複雑に、多様化していくのも当然のことです。2015年には、厚生労働省から「保健医療2035提言書」が公表されましたが、そこに書かれた「キュア中心からケア中心へ」という提言も、日本社会の変化を踏まえたパラダイムシフトの1つといえるでしょう。

実際に、人々の健康に対する意識はより一層高まっています。病気になってから医療機関に行くのではなく、これからはますます〝病気になる前から日常的に〟医療機関にかかることが一般化していくでしょう。そうなれば相対的に、

病院よりもクリニックの重要性が高まっていくことになります。また、統廃合によって病院が減少しているなど、医療を取り巻く環境の変化とともに、クリニックの在り様も変えていかなければなりません。

開業医の皆さんは今、10年後、20年後を見据えて自院の置かれた状況や地域医療を俯瞰し、「今後、地域の人たちはクリニックに何を求めるようになるのか」「自院はどう変わっていく必要があるのか」を考えるターニングポイントに立っているのです。

一方で、開業医は非常に忙しい日々を過ごしています。毎日、何十人もの患者と向き合い、クリニックを支えてくれるスタッフの採用と教育をしながら、新たな医療知識や技術を習得する時間も確保しなければなりません。常に急き立てられるような日々を送っていると、どうしても目の前にある仕事や課題への対応が中心になりがちです。未来に向けて考えを巡らせて、今から備えるということが、なかなか難しいと感じる方もいらっしゃるでしょう。

けれども、医療業界を取り巻く急激な変化は、〝これまで通り〟を許してくれません。「現状維持は衰退の始まり」というように、他の業界同様、医療業界も変わっていかなければ取り残されてしまう時代が、すぐそこに迫っているのです。開業医の皆さんも、そのことはわかっていて、「何かしなければ」という漠然とした不安を感じている人も少なくないと思います。

そんな先生方をサポートすべく、私たちが立ち上げたのが経営支援メディア「クリニック未来ラボ」です。「ドクターズ・ファイル」を運営する中で培ってきた患者の情報やニーズに対する深い洞察力を活かし、未来のクリニック経営に役立つ情報を研究・発信しています。

そして、その成果の1つが「開業医白書」です。これは、全国の30～90代の医科開業医351人を対象に調査を行い、日本の開業医が抱えている悩みや課題など、〝開業医の現実〟を定性的・定量的につまびらかにしたもの。

2023年に最初の調査結果を発表しましたが、今後も継続して調査・研究を行い、時代の変化を追い続けたいと考えています。それを読んでいただくことで、多くの開業医が何に悩んでいるのかを知ることができ、自院もしくは先生ご自身が、今どのようなポジションにいるのかも見えてくるはずです。

未来に備えて変化するには、自分の現在地を把握した上でゴールを定め、そこから逆算して今、何をすべきかを明らかにしていく必要があります。

備えるべき未来の姿がわからないまま、「時代の流れに乗って、新しいことを始めよう」といったやり方では、どこかで行き詰まってしまうでしょう。そうではなく、先生方が力強く明日への一歩を踏み出せるように——本書は、そのための〝羅針盤〟にしていただきたいという思いでつくりました。この中では、「開業医白書」から得られた情報を軸にしながら、全国3万院近くにものぼるクリニックへの取材実績を持つ私たちならではの視点を活かして、分析・提言を行っています。

病院からクリニックへ、医師が移る時代へ

今後、人口減少が続く中で、早ければ2029年以降、医師の数が過剰になるというデータがあります（大和総研「医師過剰時代の偏在対策」）。加えて、「キュア中心からケア中心へ」という価値観の変化が起こることで、大規模病院に勤務していた若い医師が、クリニックに勤務する未来がくるのではないか。私たちは、そう考えています。

クリニックへの取材を重ねる中で、私たちがよく目にしたのが、院長1人しか医師がいないのに、診察室として使える部屋を複数持っているという光景です。それらは検査室として使われているならまだしも、ちょっとした処置をするためだけに使われていたり、備品などを置いておく倉庫のようになっていたりするケースも少なくありません。

しかし、クリニックに院長以外の医師が勤務するようになれば、このような空き部屋を二診・三診の診察室として活用することができます。さらに医師が複数名いることで、過酷といわれる開業医の労働環境を改善することができるかもしれません。診療にも時間的なゆとりが生まれて、患者一人ひとりとより深く向き合うことも可能となるでしょう。

もう一歩先へ進めば、院長はクリニック経営にも今以上に注力することができるようになるはずです。

開業医の中には、理想とする医療を提供するため、より自由に、自分らしい患者との向き合い方を実現できる環境や、自分らしく働ける環境を求めている方がたくさんいらっしゃいます。時間的にも、身体的にも、精神的にもゆとりを持てるようになれば、その理想を追求することができるようになるのです。

私たちはこのような、クリニックに医師が複数名勤務する働き方を「チームクリニック」と呼んでいます。

この新しいクリニックの在り様に、唐突な印象を持たれる方がいるかもしれませんん。しかし、チームクリニックは「開業医白書」によって明らかになったさまざまな課題を同時に解決する1つの〝理想解〟です。本書ではChapter01～06にわたり、人材採用、育成、定着、働き方改革、医業承継など、開業医の皆さんが頭を悩ませている課題について、「なぜ課題なのか」「問題はどこにあるのか」「いかに解決できるのか」を解説しています。その中で「チームクリニック」を1つの理想解としていますが、必ずしも、その形である必要はありません。チームクリニックのエッセンスを、その一部でも実現することで、クリニックを未来に向けてアップデートしていけると考えています。

本書で示す未来図が、皆さんにとってヒントになることを切に願っています。

ドクターズ・ファイル編集部 クリニック未来ラボ 所長　牧 綾子

CONTENTS

CONTENTS

Chapter 01

どうなる開業医、2035年への〝処方箋〟とは？

Part.1

キュアからケアへ、病院から"クリニック"の時代へ

昨今は、病院経営が難しい時代になっています。戦後、徐々に増えてきた病院数は1990年をピークに減少へと転じ（図1）、厚生労働省の発表によると2022年12月末から2023年12月末までの1年間で、35施設も減ったそうです。この傾向は、今後も続くと予想され、病院の統廃合は加速していくことでしょう。そう予想できる理由の1つが、多くの病院が赤字経営に苦しんでいることです。

その現状は、一般社団法人日本病院会・公益社団法人全日本病院協会・一般社団法人日本医療法人協会が共同で実施した調査にも表れています。2021年度に経常利益で黒字だった病院は83・8％、2022年度は82・0％と非常に高い割合を占めていて、一見したところ、それほど大きな問題があるようには思えません。

しかし、この時期は新型コロナウイルスが猛威を振るっていた期間であり、

コロナ関連補助金を除くと経常黒字だった病院の割合は2021年度で42・3%、2022年度では28・8%へと大きく減少してしまうのです。稼働100床あたりの経常利益を見ても、2020年度～2022年度までの3期において、コロナ関連補助金を除くと赤字になってしまっています。

　コロナ関連補助金は一時的なものでしかなく、それを除いた経常利益を見る限り、病院経営の深刻さは年々深まっているといえるでしょう。

　病院経営の厳しさを示すデータは他にもあります。厚生労働省によると、病院の1日平均在院患者数と1日平均外来患者数はともに減少していることがわかっ

図1▶医療提供体制の現状 ～病院数の推移～

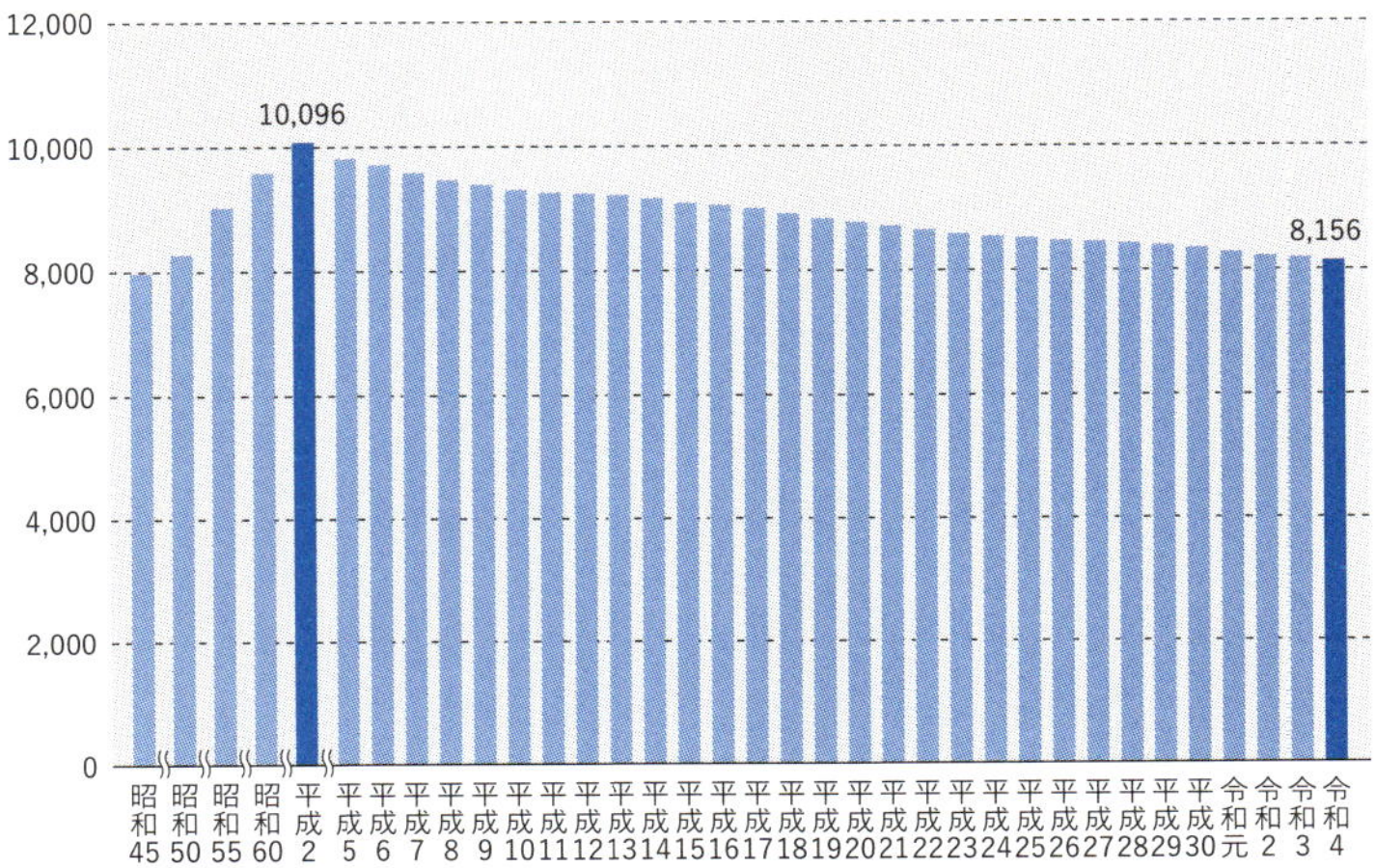

出典：厚生労働省「令和3年 医療施設動態調査」

ているのです。今後、人口が減っていく日本では、さらに患者数が減っていくのは明白です。地方で人口減少が急速に進む一方で、都市部においては地方から人が流入してくる分、短期的には患者数が横ばいか、増加する傾向となることが予想されていますが、長い目で見れば患者数が減っていくことに変わりはありません。

ここに診療報酬の改定なども加わるのですから、これから病院は統廃合や病床数減などによるダウンサイジング、業務効率向上などに力を注ぎながら、生き残りの道を探っていくことになるはずです。

病院が減少する一方で、クリニックは増加

病院経営の厳しさが増し、統廃合が進んでいくということは、病院に勤務する医師の数が減っていくということ。

他方、医学部の定員増といった影響もあり、医師の数は増加傾向です（図2）。病院数が減って医師が増えていけば、病院勤務医の割合が下がっていくのは自

然なことだといえます。

では、病院を離れる医師たちはどこへ行くのでしょうか。

日本全国に目を向ければ、深刻な医師不足に苦しんでいる病院もあるため、そこに進路を見出す医師もいるかもしれません。

しかし、地方のほうが人口減少の影響を都市部よりも強く受けていて、存続の危機にさらされている病院が数多く存在します。そのため、長く病院勤務を希望する医師すべての受け皿になれるかは、はなはだ疑問です。

一部の医師は、自ら一般診療所、いわゆるクリニックを開業する道を選ぶでしょう。実際、クリニックはその数を増

図2▶医師数の年次推移

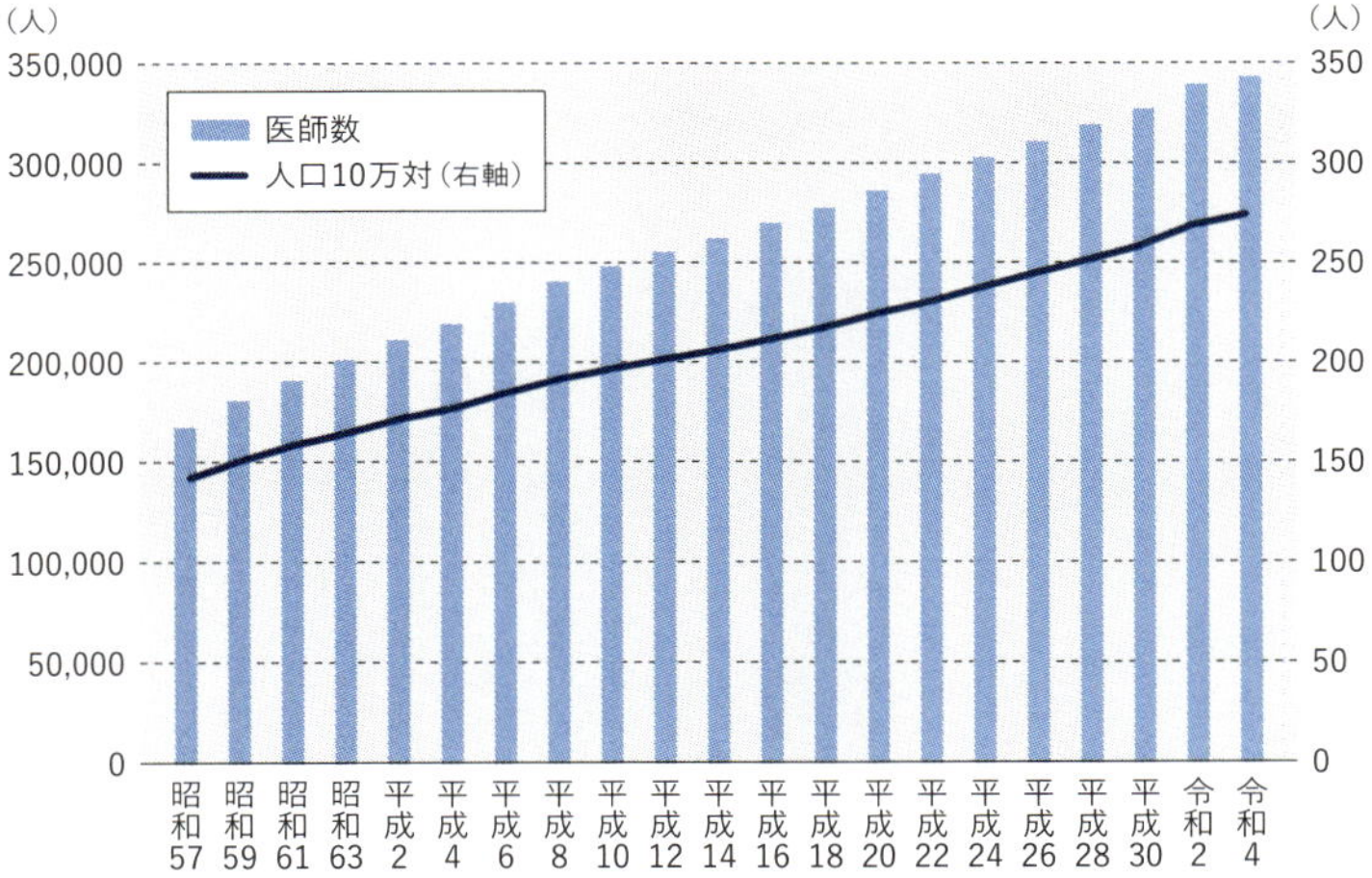

出典：厚生労働省「令和4年 医師・歯科医師・薬剤師統計の概況」

やしています。

厚生労働省のデータによると、ここ20年ほどの間に1万施設近く増加しており、直近のデータを調べてみても、2022年から2023年の1年間で100施設も増えているのです。

クリニックには、それだけのニーズがあるということでしょう。


また、病院の外来患者数は徐々に減っている一方で、クリニックの外来患者数はわずかながらも増えています(図3)。この傾向は、これからますます顕著になっていくはずです。

なぜなら、病院が減少していくということは、病院が受け入れることのできる患者数も限られていくということ。その影響で、今までは病院で対応していた治療の一部を、今後はクリニックが引き受けるようになることが十分に考えられるからです。

例えば、3カ月に1回の血液検査を、病院ではなく、かかりつけのクリニックで対応してもらうようになるという変化が考えられます。

どのような治療をクリニックが担うようになるのかについては、開業医の専

図3▶施設の種類別にみた推計患者数の年次推移

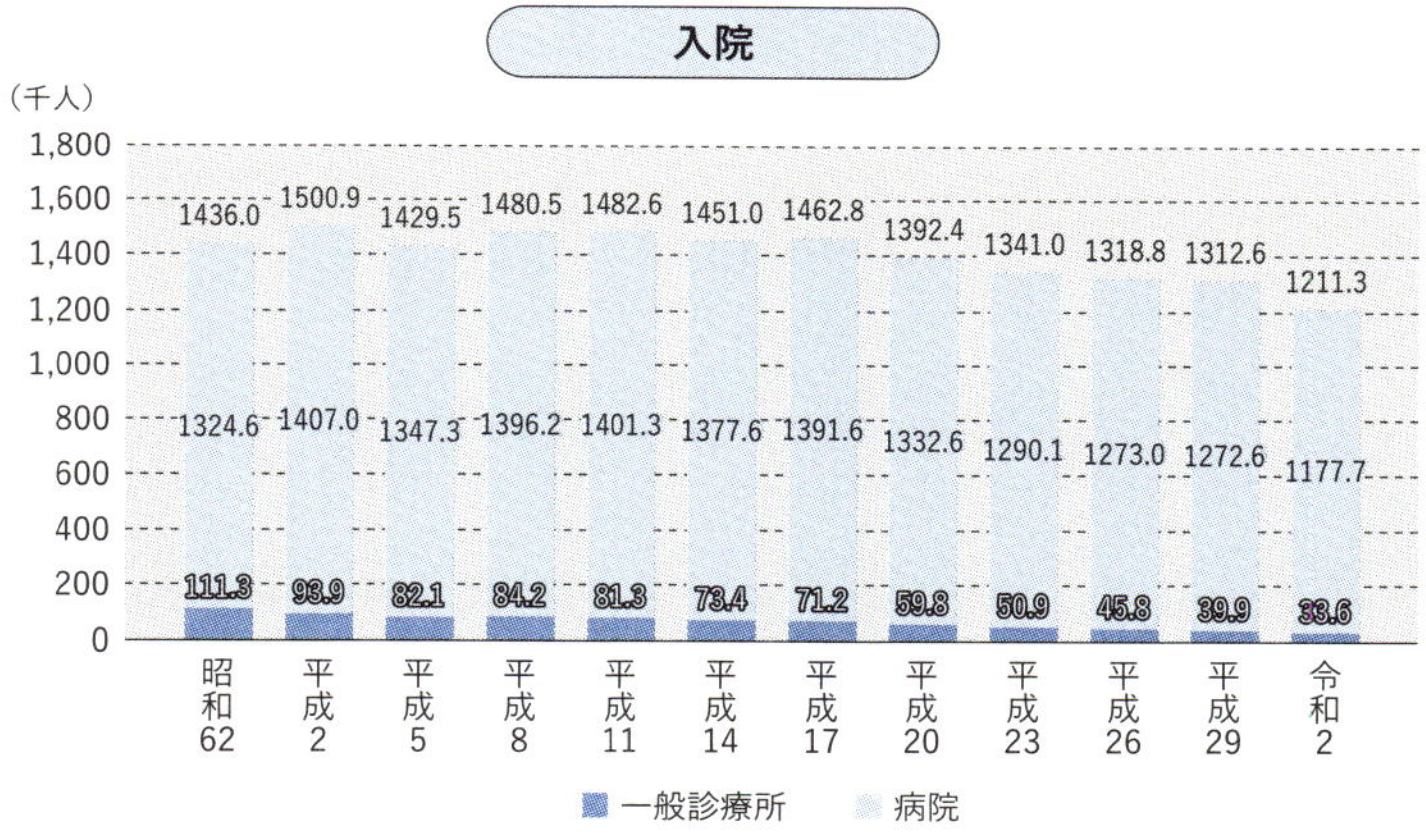

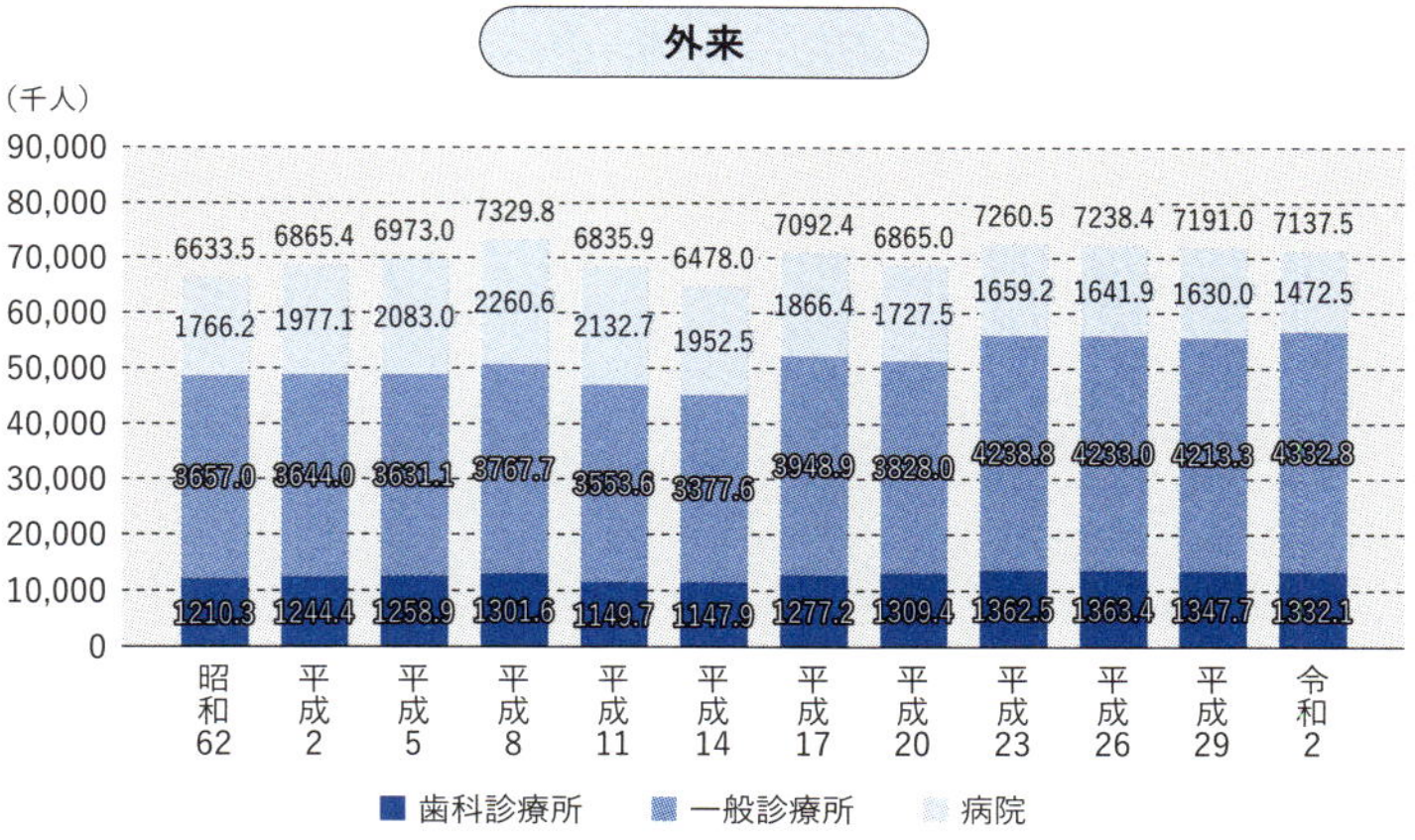

※平成23年は、宮城県の石巻医療圏、気仙沼医療圏および福島県を覗いた数値である

出典：厚生労働省「令和2年 患者調査の概況」

門性や設備などによって変わるため一概にはいえません。ただ、病院数が減っていけば、クリニックで引き受けられるものについてはクリニックに任せていくという流れが、さらに拡大するのは自然なことです。

こういった変化は「キュア中心からケア中心へ」という流れを、さらに後押しするでしょう。

厚生労働省は「保健医療２０３５提言書」において、「疾病の治癒と生命維持を主目的とする『キュア中心』の時代から、慢性疾患や一定の支障を抱えても生活の質を維持・向上させ、身体的のみならず精神的・社会的な意味も含めた健康を保つことを目指す『ケア中心』の時代への転換」をうたっています。

ここで語られている「健康を保つ」、その実現のためには予防がとても大切です。病気を予防するためには、普段から患者の生活習慣を把握しておくことが重要となります。その役割を担うのは、近しい位置で患者を診ている〝かかりつけ医〟にほかなりません。

だからこそ、変化していく社会のニーズに応えていけるのは、クリニックだといえるわけです。

Part.2

クリニック戦国時代に突入！生き抜くための準備は今から……

クリニックが増加していけば、差別化が必要になることは明白です。しかし、そのような未来が間近に迫っているという危機感をお持ちの開業医は、どの程度いらっしゃるでしょう。私たちの実感としては、変化しようと考えている、もしくはすでに動き出しているクリニックは、まだ少ない印象です。

なぜ、多くのクリニックは〝これまで通り〟なのでしょうか。

それは、これまで医療機関が置かれていた環境に原因があると感じています。日本は戦後60年もの長きにわたり、医療法に基づいて医療機関からの情報発信を制限してきました。患者はクリニックに関する情報を入手する手段がほとんどない中で、自分が通うクリニックを選ばざるを得なかったのです。

ところが、2007年の医療広告ガイドライン制定で、情報制限の緩和がなされて事態は一変します。広告できる範囲が広がり、患者は自分に合ったクリニックを探そうと、クリニックのより詳細な情報を求めるようになったのです。

患者のニーズが変化する一方で、医療機関はなかなか変わることができませんでした。それまで半世紀以上、閉ざされたカルチャーの中にいたのですから、情報発信の必要性を感じにくいことは容易に想像できます。たとえ必要だと思っても、何から手をつけていいのかわからないのが実情でしょう。医療機関が行う広告手段として、いまだに屋外広告が多いのは、その象徴といえます。

こうした環境下で長く経営してきた開業医は、生き残るために試行錯誤を繰り返すという経験をほとんどしてきませんでした。地域の患者に自院のことを知ってもらう努力をしなくても、一定の患者数を確保できたのですから、〝これまで通り〟で何も不都合はなかったわけです。

しかし、30代〜40代の若い開業医は、開業直後から厳しい競争にさらされてきた世代です。他院との差別化を図るためにクリニックの強みを打ち出し、患者に自分の考えを理解してもらう——その必要性を肌で感じているからこそ、積極的に情報発信を行っています。

両者を比べたとき、患者はどう感じるでしょうか。当然、同じ症状を診てもらうのなら、より質の高い医療を提供し、より親身に向き合ってくれる医師を選びたいはずです。だとすれば、そんな医師がいるクリニックはどこにあるのか、事前に情報として知っておきたいと考えるのは間違いありません。もう「黙っていても患者はきてくれる」という時代ではないのです。

２０２３年の「開業医白書」で行ったアンケート調査には、それが如実に反映されています。経営の悩みを尋ねたところ、「集患に課題あり」と答えた開業医が50代、60代以上で４割を超えていたのです。それと同時に、同じ年代の６割近い開業医が「収益に課題あり」とも回答していました（図４）。本来、開業して間もない40代以下の開業医のほうが、患者数や収益に不安を感じるはずですが、そうではなくなりつつある現実が浮かび上がってくるのです。

クリニックは〝選ばれる〟時代へ

地域で長年クリニックを経営してきたベテラン開業医ほど、「収益」や「集患」に課題を感じているのはなぜなのでしょうか。

原因の１つは、明らかにクリニック数の増加です。

周辺にクリニックが増えれば、選択権は患者が持つことになるわけです。現

図4▶開業医の年代別「経営」の悩み

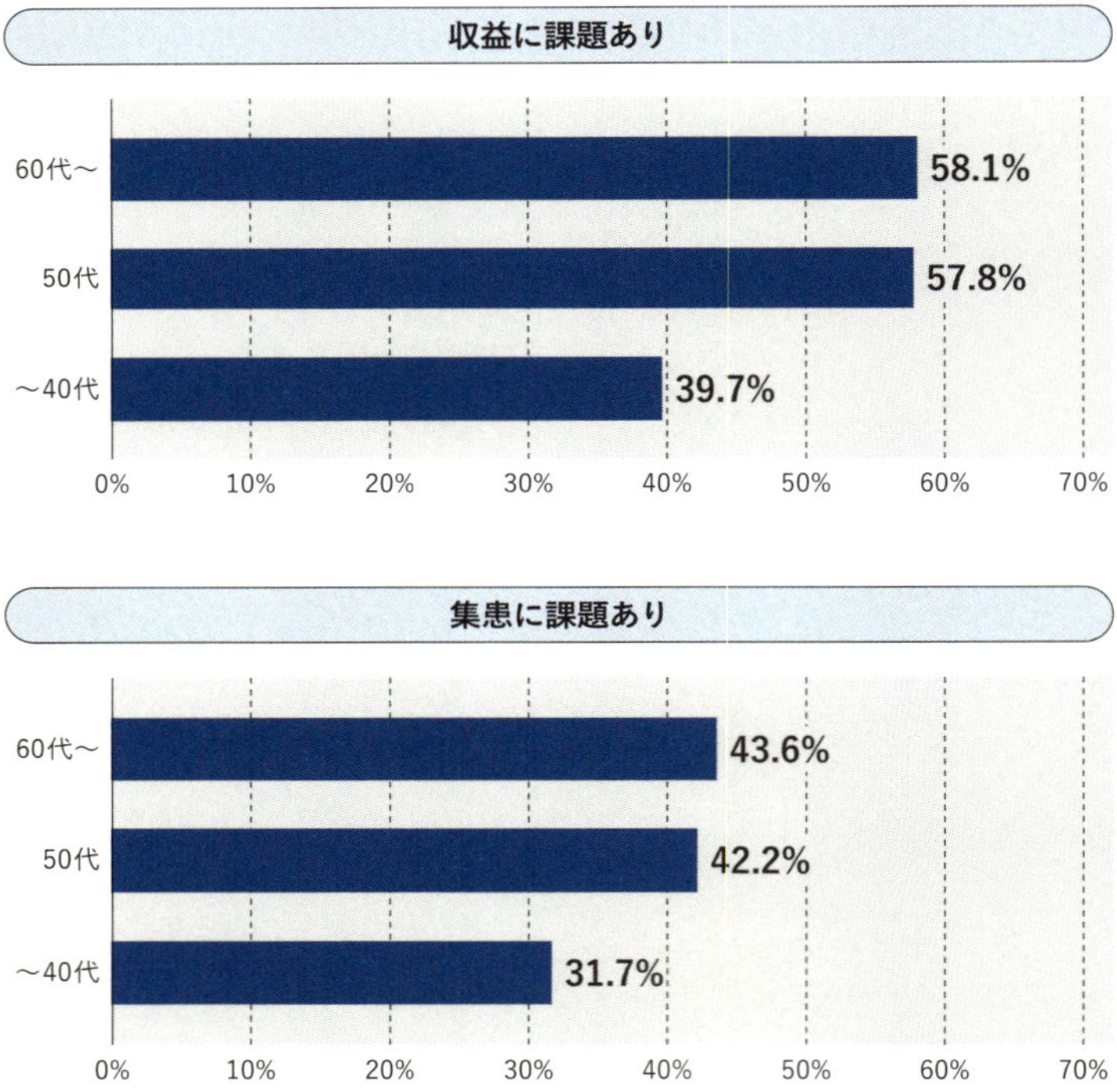

出典：クリニック未来ラボ「開業医白書2023」(2023年11月実施、インターネット調査・複数のクリニックにインタビューなどの定性調査、全国の30〜90代の医科の開業医351人)

在、歯科医院が置かれている状況を考えれば、わかっていただけると思います。クリニックも同じように、今後ますます患者によって取捨選択されていくでしょう。

そして、若い世代の開業医のほうが、情報発信やデジタルツールの活用に積極的だというのも、図4のような状況を生み出している要因の1つです。

かつては「医療機関が自院の特色を打ち出すなどもってのほか。その必要はない」という考えが当たり前でした。広告規制も厳しく、せいぜい駅看板や電柱に医院名と電話番号、住所、診療日を掲載する程度。そうした時代が長く続いてきたわけですから、ベテラン開業医であるほど情報発信することの重要性やその方法に明るくない傾向があるのは、仕方のないことかもしれません。

一方、若い開業医は情報を自ら発信していくことになんの抵抗もないのです。その重要性を理解しており、新しい情報発信の方法を常に模索している開業医も少なくないでしょう。

クリニックを探している患者からすれば、昔から近所にあるけれど行ったことがなくて、どんな先生がいるのかよくわからないクリニックより、できたばかりであっても、どんな先生が診てくれて、どのような治療に対応しているのかという情報が、明確にわかるクリニックを選ぶのは当然のことです。

何か商品・サービスを購入するとき、たいていの人は、その商品・サービスがどんな特徴を持っていて、いくらなのかといったことを吟味して決めるはず。そうした行動が、医療業界でも当たり前になっていくのは不思議なことではありません。

つまり、これからは積極的に情報を発信し、患者から〝選ばれるクリニック〟になっていかなければならないのです。

開業医は孤独な経営者である

ただ、多くの開業医は医療の専門家であるものの、情報発信や組織づくりをはじめとする、クリニックの経営戦略に長けているわけではありません。

しかも、誰かに相談したくても、経営に関して相談できる相手がいないという開業医が過半数を占めているのです（図5）。相談相手として挙げられた1位は家族でしたが、経営のスペシャリストが家族にいることなど、そうそうありません。

これも、家族以外に悩みを打ち明ける相手がいない、アドバイスをくれる相手がいない状況を示していると考えられます。

結局、経営に関する相談相手といえば、開業やクリニック運営において比較的話しやすい関係性ができている税理士、あるいは定期的に訪れる製薬会社のMRなどでしょう。

とはいえ、そうした人々は近い距離にいるものの、経理・財務や法律、医薬品には詳しくても、患者に向けたクリニックの情報発信や、メディカルスタッフをマネジメントする組織づくりといった経営ノウハウに明るいとはいい難い、というのが正直なところです。

その結果、悩みは解決されないまま、たった1人で孤独に頭を抱えているという開業医が多いのでしょう。

図5▶開業医の「経営」相談相手

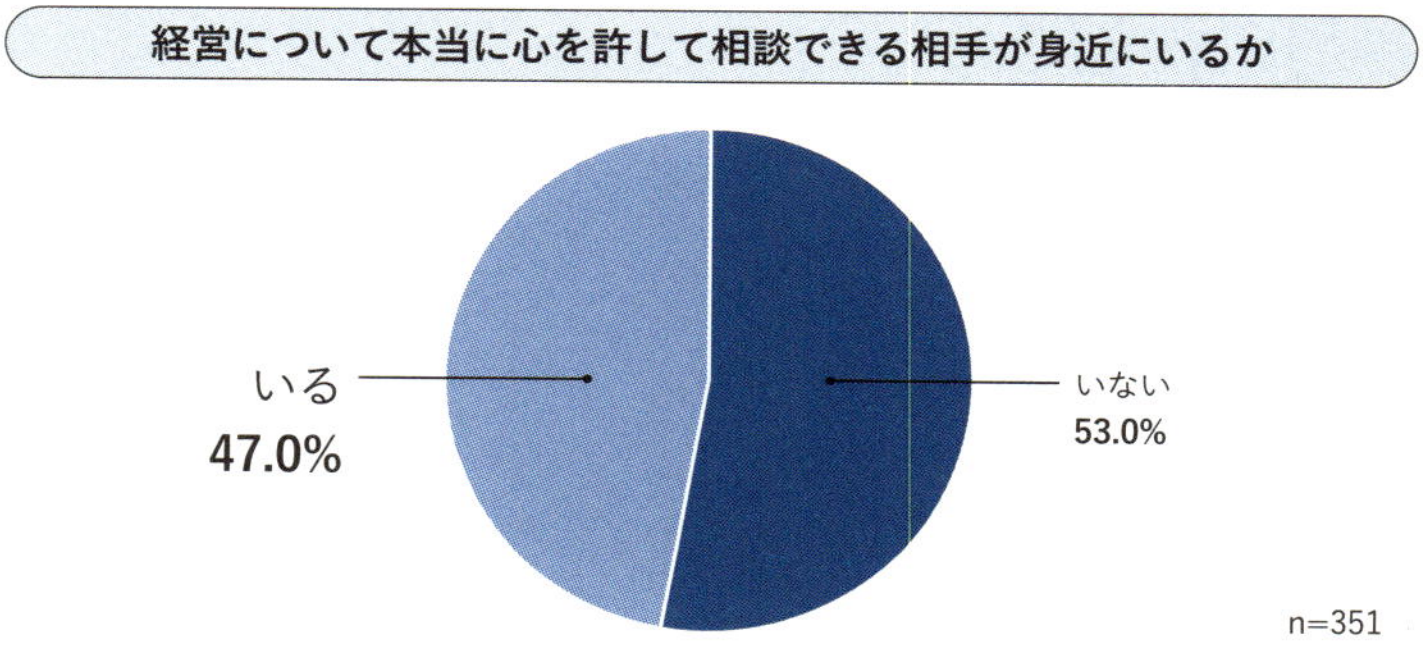

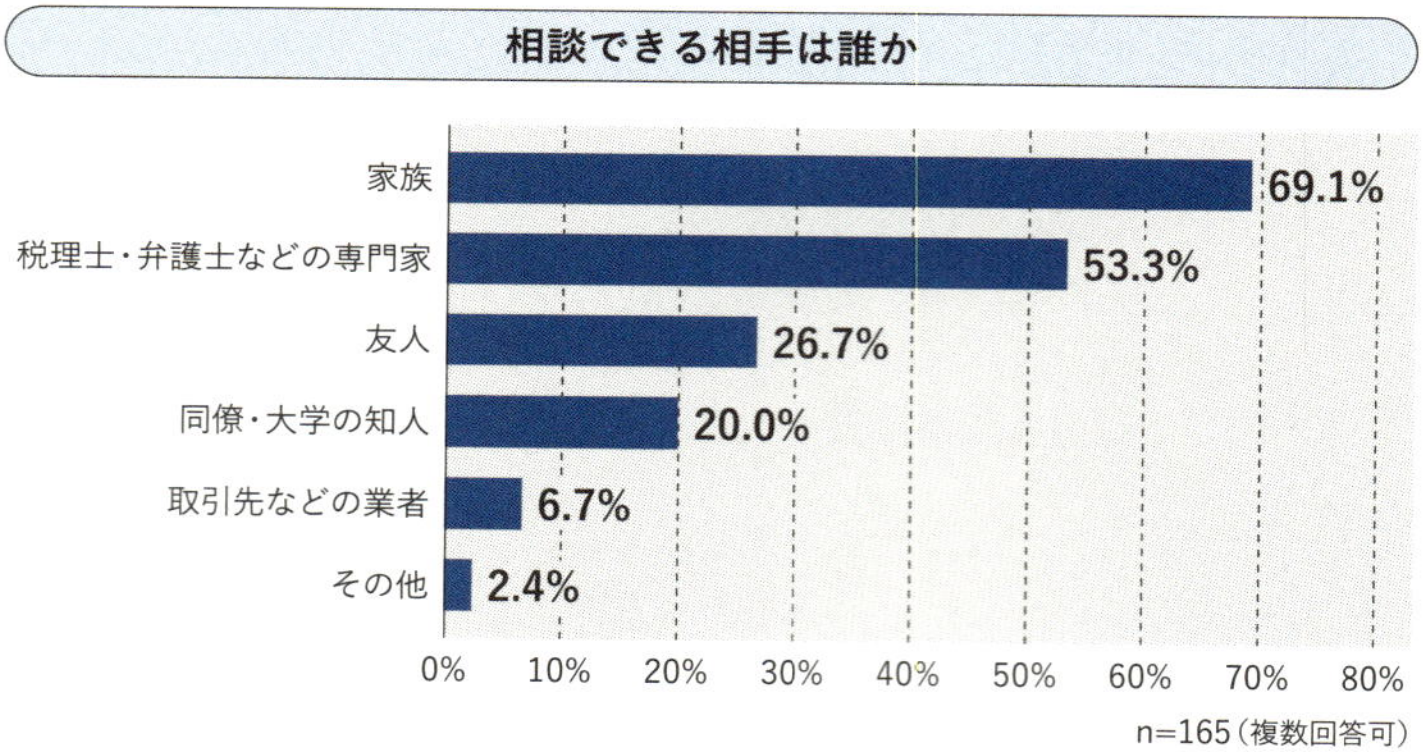

出典：クリニック未来ラボ「開業医白書2023」

Part.3

テクノロジー、働き方、医業承継……。山積するクリニックの課題

〝選ばれるクリニック〟を目指すには、周りのクリニックと比べたとき自院がどのようなポジションにいるのか、その状況を把握するところから始めなければなりません。

地域の人たちにどの程度認知されているのか、どんな治療に対応しているのかは知られているのか、院長の経営方針や治療方針を理解してもらえているのか、果たして患者が利用しやすいクリニックだと思われているか……。

誰もがスマートフォンを使っている現代において、こういった情報発信や利便性の向上には、デジタルツールの活用が欠かせません。ところが、ベテラン開業医が経営するクリニックほど、デジタル化は進んでいないのが実情です。

しかし、10年後にネット予約ができないクリニックが主流であるか、現金支払いしか受け付けていないクリニックが増えていくのかを考えてみてください。

その答えは、いずれもノーでしょう。

他の業界、特に生活者を相手にしている事業では、デジタルを活用していないところを探すほうが難しくなりつつあります。クリニックに通院する患者も生活者ですから、この流れから逃れられるはずがないのです。

医療業界において、DXというと電子カルテ（以下、電カル）が真っ先に思い浮かぶでしょう。しかし、電カルを導入しているかどうかは、患者から〝選ばれるクリニック〟にはあまり関係ありません。なぜなら電カルは、医療機関同士における情報共有の促進を図るためのもので、患者は直接的なメリットを感じにくいからです。もちろん、結果的に患者も電カルの恩恵を受ける部分はありますが、患者自身が「あのクリニックは電カルを導入しているから行こう」とはならないでしょう。それよりも早急にデジタル化すべきところが、多々あるのです。詳細はChapter03で解説します。

患者だけでなく、スタッフからも選ばれる必要あり

〝選ばれるクリニック〟といったとき、その対象は患者だけとは限りません。

多くの開業医を悩ませている問題の1つに、スタッフが採用できない、定着

しないというものがあります。クリニックを長く、安定的に経営していくには、働き手からも選ばれなければなりません。しかし、ほとんどのクリニックでは、そのための下地が整っていないのが現実です。

看護師をはじめとするコメディカル分野では、慢性的な人手不足が続いています。特に女性が多い職種であるため、結婚や出産を機に退職する人が少なくありません。コメディカルで仕事は続けたいと考えている人たちは、夜勤がなく、勤務日などにも融通の利きやすいクリニック勤務を選ぶケースが少なくないですが、短期で辞めてしまう人が多いという問題もあるようです。その理由として、あいまいな人事評価制度や、院長を含む院内スタッフの情報共有がうまくできていないことによる業務負荷の高さ、それらと紐づく人間関係の問題などが挙げられます。

病院では整備された人事評価制度に基づいて査定されていたのに、クリニックに転職してからは院長がなんとなく給与を決めている。その額に正当な理由がなく、ましてや想定よりも少なかったら、なかなか納得できないでしょう。そのことを院長に問い詰めても、明確な評価基準がないために、あいまいな答えしか返ってこず、信頼できなくなりクリニックを去ってしまう。慌てた院長は早急に人材を確保するため、大きなコストをかけて採用活動をするも、なかなか獲得できない。そこで高い給与を設定して人材を募集しますが、それが長く働いてくれている他のスタッフたちの知るところとなり、院内にさらなる不満が渦巻く結果を招く。こうしたケースは、実は珍しいことではありません。

ほかにも、開業医を悩ませている問題があります。それが、医業承継です。長年、地域の医療を守ることに誇りとやりがいを持って取り組んできたけれど、後を継ぐ人がいないため、やむなくクリニックを閉じることを決断した開業医もいれば、医師となった自分の子どもに継いでもらおうと思っていたのに断られてしまった開業医もいます。外部の医師を連れてきて引き継いでもらったものの、自分とはまったく違う方針に変えてしまうなど、それまで長年築き上げてきたクリニックの姿は跡形もなくなってしまい、さみしい思いをしている開業医もいらっしゃるようです。

こうしたDXや働き方改革、組織、承継と、クリニックを取り巻く問題は山積みです。それらを解決してくれる、少なくとも悩みを軽減してくれる1つの形が〝チームクリニック〟であり、これからのクリニックが目指すべき新しい在り方になると、私たちは確信しています。

Part.4

1つの結論は「チームクリニック」。最大限に力を引き出す体制づくりへ

医師は院長1人のみで、ほかに看護師と受付などのスタッフ数名で運営しているクリニックのことを、ここでは「個人型クリニック」と呼ぶことにします。現在、クリニックの多くは、このタイプでしょう。

個人型クリニックの場合、医師は開業医1人だけですから、医師が担うべき業務や責任のすべてを院長が背負うことになります。専門外の医療分野については、医局やツテを頼ってアルバイト医師にきてもらうこともあるでしょうが、院長の業務負荷軽減にはつながりません。

開業医の場合、さらに経営者としての業務と責任が加わります。そのため、個人型クリニックでは開業医の負担が大きすぎるのです。どうしても忙しい毎日を送るしかなく、いつの間にか自院のことで手一杯になってしまい、外へ目を向ける余裕は失われていく。その結果、意図せずクリニックの中に閉じこもっているような状況になってしまい、周りのクリニックと比べて自院がどの

ようなポジションに置かれているのか、客観的に判断しにくくなってしまう。
これが、多くの開業医を悩ませている、さまざまな問題の根底にあるのです。

複数科目に対応することで、患者の負担も軽減

「チームクリニック」とは、開業医のほかにも勤務医が1人以上いて、医師の人数やクリニックの診療内容に応じて、適正な人数のスタッフが在籍しているクリニックのことです。これはさらに「L型チームクリニック」と「並列型チームクリニック」という2つの形が想定できます。

「L型チームクリニック」は、個人型クリニックにおける開業医の負担を分散できるチームクリニックの形です(図6)。開業医と同じ診療科目の医師が常勤すれば、互いに交代しながら休暇をとることができるようになります。個人型クリニックの開業医が2日以上連続で休めるのは年末年始くらいのものですが、自分の代わりにクリニックを任せられる医師がいれば、連休をとることもそれほど難しくはないでしょう。診察を勤務医に任せて、開業医は経営関連の業務に集中する日を設けることもできます。もちろん、受け入れることのできる患

者の数を増やすこともできるのです。

チームクリニックにおける、もう1つの形である「並列型チームクリニック」は、開業医とは異なる診療科目の勤務医を雇用することで、内科、小児科、耳鼻咽喉科など複数科目に対応できる体制を整えたクリニックのことです（図7）。高齢になると、複数の疾病を抱えていくつかの医療機関に通うということも珍しくありませんが、患者にしてみれば、それらをすべて1つのクリニックで対応してもらうほうが、負担は少なくて済みます。

そんなニーズから、1つのビルに異なる科目の医療機関と調剤薬局が集まった医療ビルや、戸建てのクリニックが1つの場所に集まった医療ビレッジ、ショッピングモールなどの一角に医療施設が集積している医療モールなどが実際に増えてきているのです。しかし、これらは同じ場所に医療施設が集まっているだけで、経営母体は別々ということがほとんどでしょう。当然、医療施設間で患者のカルテをはじめとした個人情報が共有されているわけではなく、処方されている薬もお互いに把握してはいません。別々の医療施設に通う負担はかなり軽減されますが、診察や治療についての連携は困難です。

図6▶L型チームクリニックの例

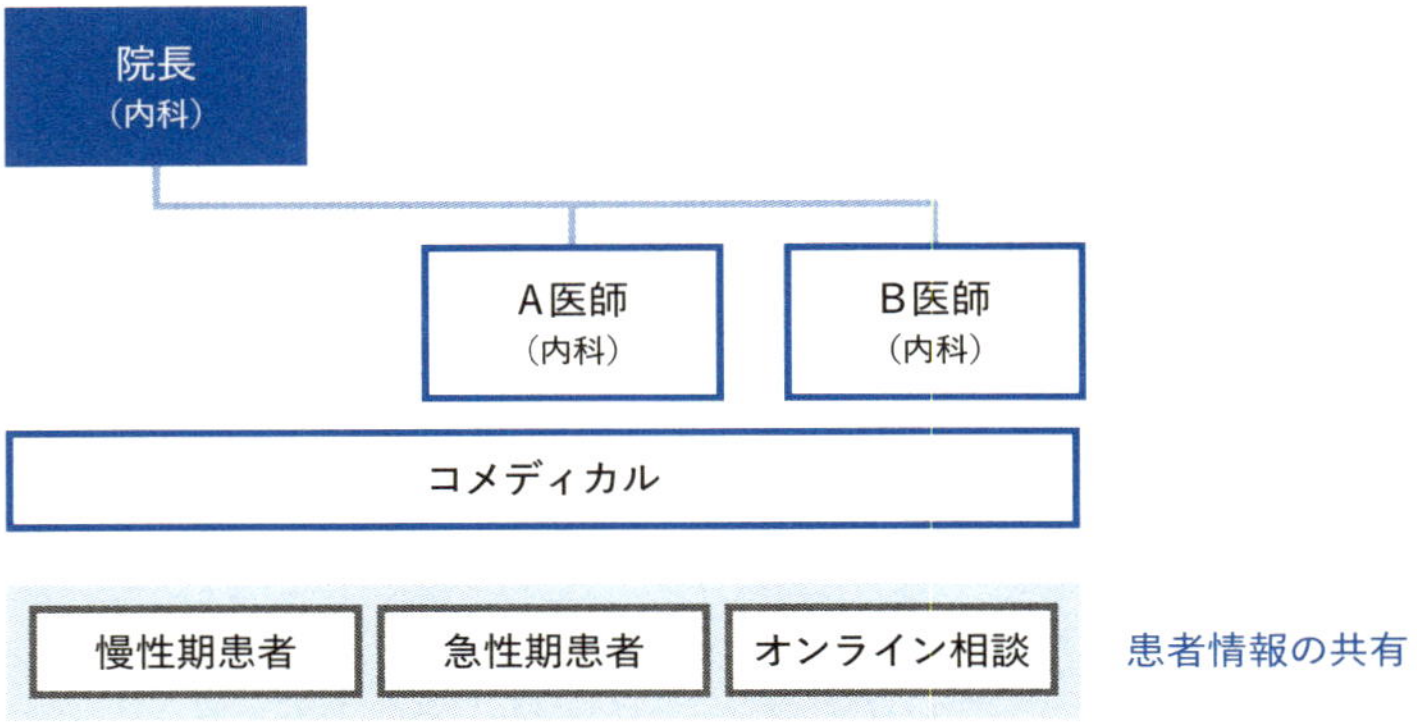

図7▶並列型チームクリニックの例

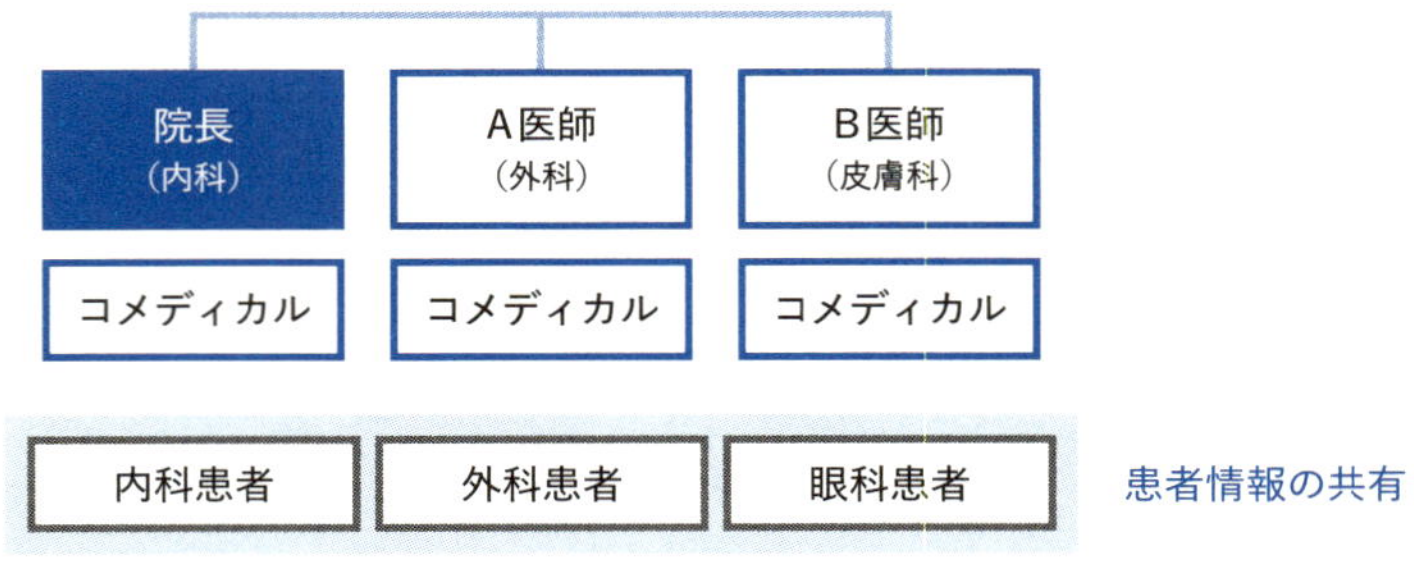

少し話がそれるかもしれませんが、医師は、他の医師の診断を安易に否定して治療することに、抵抗を持つことも少なくないようです。

例えば、他院にかかりつけ医がいる患者が、休診日の関係でたまたま自身のクリニックに来院したとします。その場合、医師は患者の要望に応じて薬の処方などをしても、そこから踏み込んだ対応はしないことが多いのではないでしょうか。あくまで主体となるのはかかりつけ医であり、自身は臨時の対応者というスタンスを取っているわけです。

そのくらい医師というのは、他の医師が出した診断に踏み込むことを避ける傾向にあります。なぜならば、医師は人の命に関わる判断をくだすこともあるため、自分の診断や治療の精度を高めるべく、日々知識や技術の研鑽に時間と労力を割いています。だからこそ自分の判断にプライドが持てるのだと思いますが、そんな医師としての矜持が、他の医師に対しても必要以上に踏み込まず、相手を尊重するというスタンスにつながっているのでしょう。

そうした考え方を前提とすれば、仮に医療モールのように隣でクリニックを経営していたとしても、治療に対する考えをすり合わせ、医師同士で連携を図るのはなかなか難しいのです。

しかし、チームクリニックであれば、同じクリニックで働く医師間で意思疎通を図りやすい上、患者の情報を共有して連携しながら治療にあたることができます。チームとしての一体感や連携は、経営母体がバラバラなクリニック同士の集まりである医療モールなどとは雲泥の差で、患者のニーズに応えることができるはずです。

採用、採算面にメリットはあるのか？

チームクリニックには、そうした効果があるといっても、勤務医を確保できなければ実現できないと考える人もいるでしょう。けれども、Part1で説明したように、今後、病院の勤務医は減っていき、多くの医師が新たな勤務先を求めて病院から外へ出ていきます。そのうちの一部は、開業医を目指すことになるでしょうが、「勤務医のままでいたい」と考える医師が少なからずいるのも事実です。臨床の現場に携わり続け、医療を通じて社会に貢献したいと思う反面、経営にまで心を砕くことには魅力を感じないという医師は、間違いなく一定数存在しています。そのため、クリニックの勤務医という新しい働き方のニーズが今後生まれてくると予測しているのです。

クリニックで医師を2人も3人も雇う余裕があるのかという疑問を抱く人もいるかもしれませんので、ざっくりとシミュレーションしてみましょう。

まず、雇用することになる医師ですが、年齢は30代の勤務医と設定します。その理由は、今後、病院の再編が進んでいくことによって勤務医が過剰になる時代がやってきた場合、働く場所としてクリニックを選ぶ可能性が高いのは、若手勤務医だからです。

ベテラン医師となるとそれなりの貯蓄もありますし、自らクリニックを開業する道を選ぶ人が増えてきます。豊富なキャリアを持つ医師は、今さら「クリニックに勤める」ことへ抵抗感もあるでしょう。また、のちほど説明しますが、承継を考える場合、自分とあまり年の離れていない医師では、長くクリニックを維持することにつながらないという点も考慮すべきです。

では、若手医師の平均的な給与はいくらでしょうか。厚生労働省の「令和5

年賃金構造基本統計調査」によると、医師の平均年収額は30代前半で815万円強でした。賞与まで含めると、およそ1230万円弱といったところです(図8)。30代後半になると、その額はぐっと上がり、給与額が960万円強、賞与も含めた額は1890万円弱になっています。業績に連動する賞与をいったん脇に置いた場合、30代の医師を1人雇うには1カ月あたり80万円ほど人件費が増えることになるわけです。ただ、仮にアルバイト医師をスポットで雇っているのであれば、正規雇用の医師に置き換えることになるので、人件費の負担増はもっと少なくて済むはずです。

また、チームクリニックを実践するには、看護師などスタッフも増やす必要があるため、月あたりの人件費増額は150〜160万円くらいになると推定できます(図9)。

加えて、診られる患者が増えることによって、医薬品や材料費などの医業原価も多少増えるでしょう。ともに売上の5%ほどと想定すれば、月200〜300万円の売上に対し、月額10〜15万円ほどになります。一方で、クリニックの家賃などが含まれる販管費は、医師やスタッフ、患者が増えても、それほ

図8▶医師の年代別平均給与額

年齢	勤続年数	決まって支給する現金給与額	年間賞与その他特別給与額
20歳～24歳	0.6年	509.5万円	19.8万円
25歳～29歳	1.2年	613.9万円	216.1万円
30歳～34歳	1.7年	816.5万円	413.0万円
35歳～39歳	3.3年	964.1万円	923.1万円

出典:厚生労働省「令和5年賃金構造基本統計調査」をもとに作成

図9▶チームクリニックを実践した場合の月当たり増加費用(例)

勤務医(1人当たり)	80万円
看護師A(1人当たり)	30万円
看護師B(1人当たり)	25万円
事務(1人当たり)	22万円
医薬品	売上の5%程度
材料他	売上の5%程度
合計	約165～175万円

出典:厚生労働省「令和5年賃金構造基本統計調査」をもとに作成

ど増加することはありません。

次に重要なのは、この負担増を吸収できるかどうかです。

患者1人あたりの診療単価を5800円とした場合、単純計算で月に300人程度、診察日を月20日と仮定すれば、1日あたり15人の外来患者が増えれば体制として成り立つことになります。

むしろ、医師が増えることで、より多くの患者を受け入れることができるようになり、増えるコストを超えて、クリニックの売上も利益も上がると考えることができるでしょう。


ここで紹介したチームクリニックの形が、すべてというわけではありません。勤務医は週3日だけの勤務も選べるといったように柔軟な勤務形態を導入すれば、結婚や出産で現場から離れていた女性医師が復帰しやすい職場を提供することもできます。

Chapter02からは、現在クリニックが抱えている課題とともに、チームクリニックの可能性について詳しく解説していきます。その上で、自分なりのチームクリニックの姿をぜひ模索してみてください。

Chapter 02

チームクリニックへの道～Recruit
「志」を表現する

Part.1

白書

半数以上の開業医が、〝人〟に悩んでいるという現状

チームクリニックが機能するかどうかは、人材マネジメントの成否にかかっているといっても過言ではありません。厚生労働省の「令和2年医療施設（静態・動態）調査（確定数）・病院報告の概況」で発表された一般診療所の施設数と従事者数から計算すると、クリニックでは医師1人と看護師を含むスタッフ3〜5人ほどの構成が平均値です。しかし、医師が複数名体制となるチームクリニックでは必然的にスタッフも増えるため、医師1人のとき以上にマネジメントの難易度は上がり、当然、気を遣う部分も増えていきます。

「開業医白書」を紐解くと、開業医がもっとも頭を悩ませるのが、この〝人〟に関するマネジメントです。特に「スタッフの採用」についての悩みは67・5％、「スタッフマネジメント」は44・7％、「スタッフとのコミュニケーション」は30・8％と上位を占めていることから、患者よりもスタッフとの関係性に悩んでいる開業医が多いことが見えてきます（図10）。しかも、スタッフが10名を超

えるクリニックでは「採用」に課題を感じる医師が80％を超え、「スタッフマネジメント」を課題とする医師も60％近くになり、決して軽視できる数値とはいえません。

チームクリニックを実践する場合、スタッフが10名以下という状況はあまり考えられないため、人材のマネジメント対策はなおさら必須といえるのです。

〝人〟のマネジメントは医療とは別物

ただ、開業医が人のマネジメントに苦労するのは仕方のない面もあります。というのも、多くの医師はクリニックを開業するまでに、経営に関する経験まで積んできていません。国家試験を突破し、研修医を経て医師として臨床の現場に立つようになっても、日進月歩で発展を続ける医療技術を学び続ける必要があります。論文を書いたり学会で発表したりと、臨床以外の業務も少なくありません。つまり、多くの医師は〝医〟に特化した日々を送っており、経営に関する数字を読み解く、人のマネジメントスキルを身に付けるといった経験を積む機会が、ほとんどないといえます。

図10▶開業医の悩み

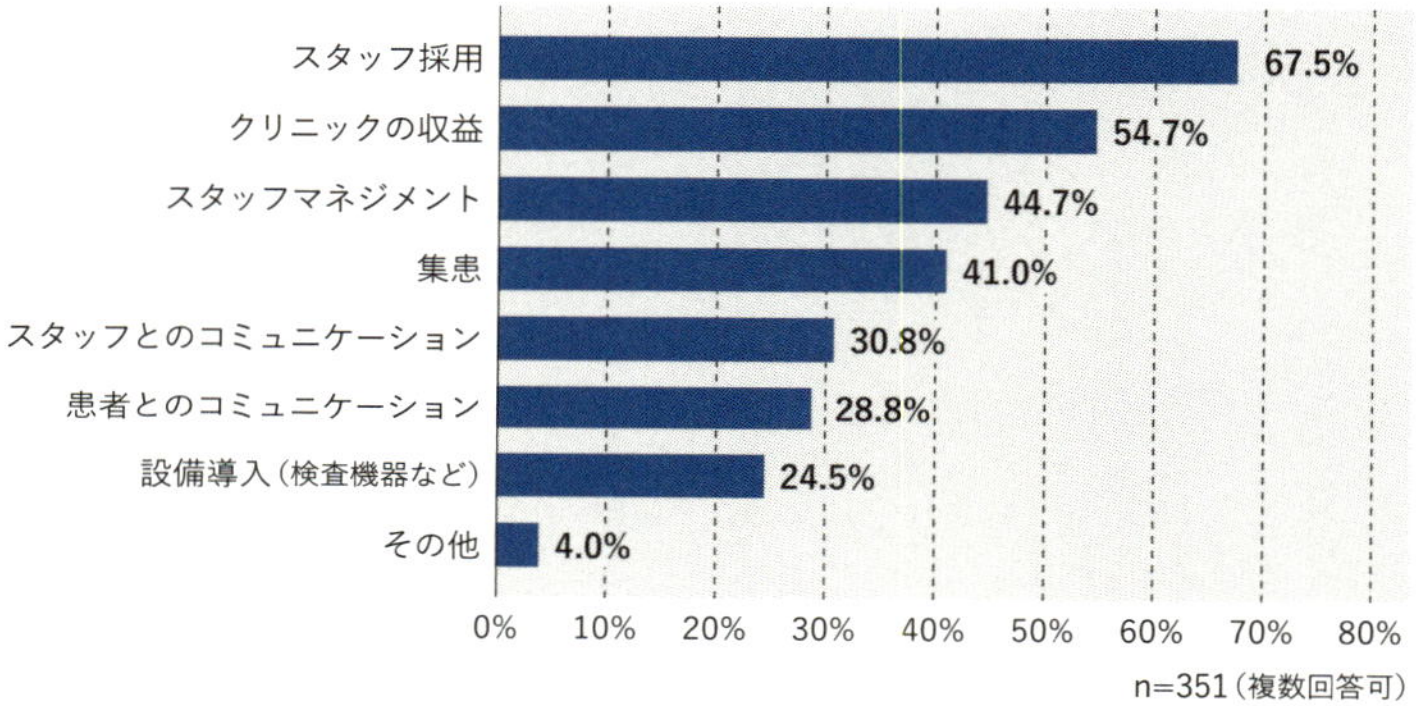

スタッフコミュニケーションへの課題（従業員人数別）

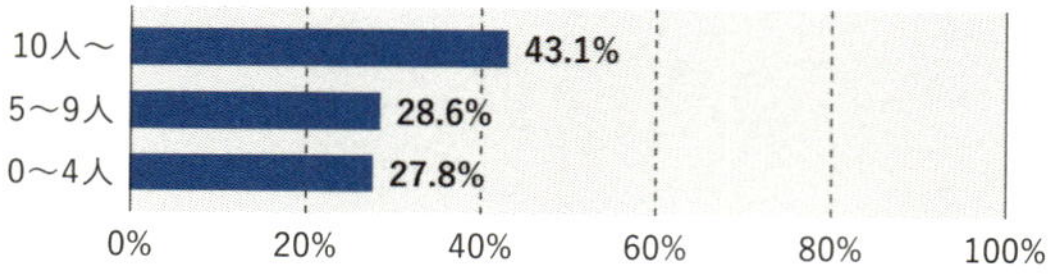

スタッフマネジメントへの課題（従業員人数別）

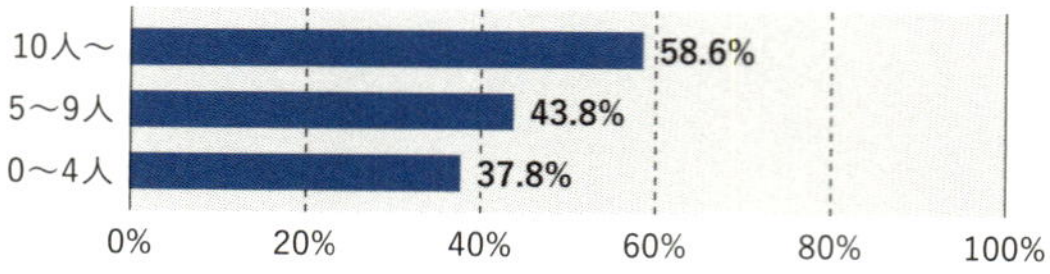

スタッフ採用への課題（従業員人数別）

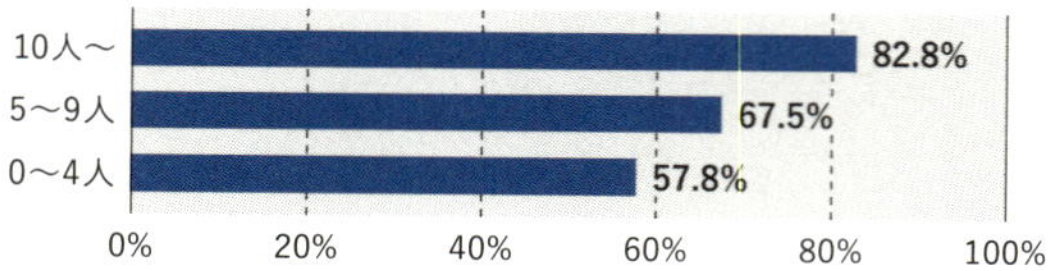

出典：クリニック未来ラボ「開業医白書2023」

病院に勤務しているときは、看護師などのコメディカルとも付き合いがあったし、それなりにいい関係性は築けていたと自負している医師もいるでしょう。しかし、病院という整えられた環境で構築する〝勤務医と看護師〟という人間関係と、自らが経営するクリニックにおいて構築する〝雇用主と従業員〟という人間関係は、まったく異なります。雇用主が従業員との関係性を構築しようと思えば、医療とはまったく別の知見や能力が求められてくるのです。

また、組織づくりは人材の確保、つまり採用から始めなければなりませんし、良い人材に出会えたとしても、「ここで働き続けたい」と思ってもらえなければ定着はしません。だからこそ、定着率を上げて強い組織をつくるためには、スタッフを理解し、医師としての考え方など自分のことを知ってもらうためのコミュニケーションが非常に重要となります。

ところが、実際には医師として求められる業務が多すぎて、人のマネジメントについて学ぶ時間を十分に確保できないのはおろか、スタッフとのコミュニケーションもままならない開業医が多いのが現状です。

その結果、スタッフをどのように扱えばいいのかわからないという、マネジメントの悩みは尽きません。

Part.2

課題

ままならぬ採用に定着しないスタッフ。組織の疾患はどこか

「開業医白書」で明らかになった〝人〟のマネジメントという問題を解決する上で、どのような課題が潜んでいるのか、より細かく把握する必要があります。

そこで、まずは組織づくりの第一歩である「スタッフの採用」から考えていきましょう。図11にあるように「応募者が少ない」ことに悩んでいる開業医は4割強にものぼります。そして、2番目に多かったのが15・4%を占めた「採用ノウハウがない」ことと「採用コストの負担が大きい」ことでした。

実は、開業前に知りたかった情報が何かを調べたアンケートでは、「スタッフの採用方法」が41・6%でトップを占めています(図12)。このことからも、思うように人を採れないことに悩む開業医が、かなりいることがわかります。

では、応募者が少ないと悩んでいる開業医がどんな方法で人材を探しているのかというと、驚くことにハローワークが圧倒的多数となりました(図13)。

図11▶開業医が感じているスタッフ採用上の課題

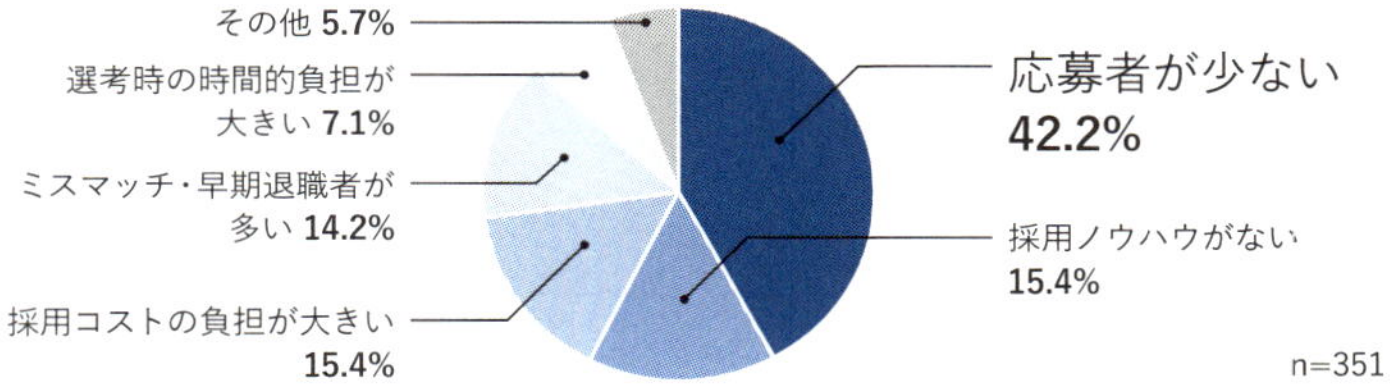

出典：クリニック未来ラボ「開業医白書2023」

図12▶開業医が開業する前に知りたかった情報

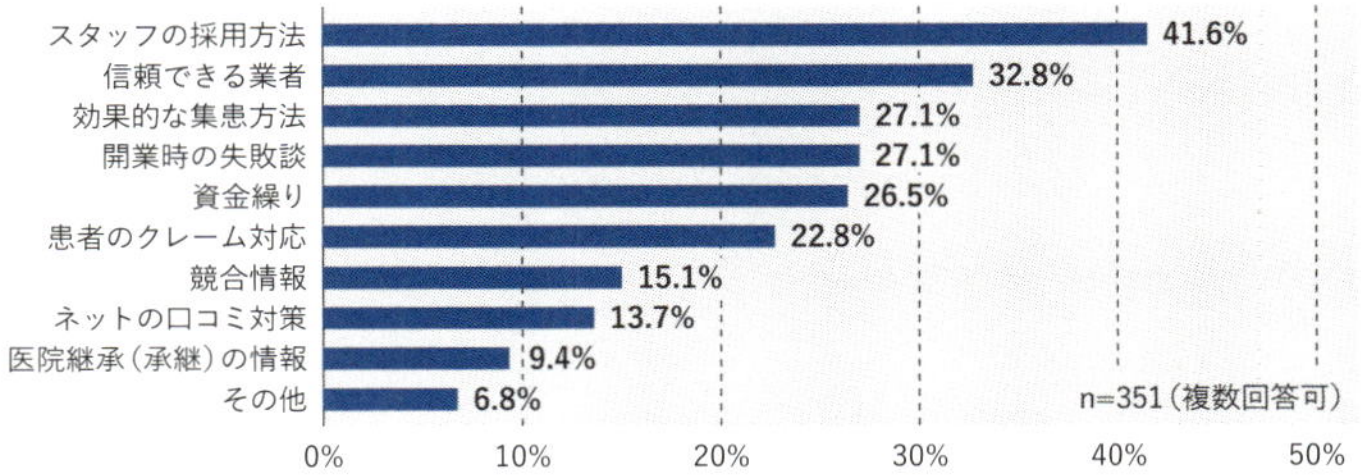

出典：クリニック未来ラボ「開業医白書2023」

図13▶「応募者が少ない」課題を持つクリニックの採用方法

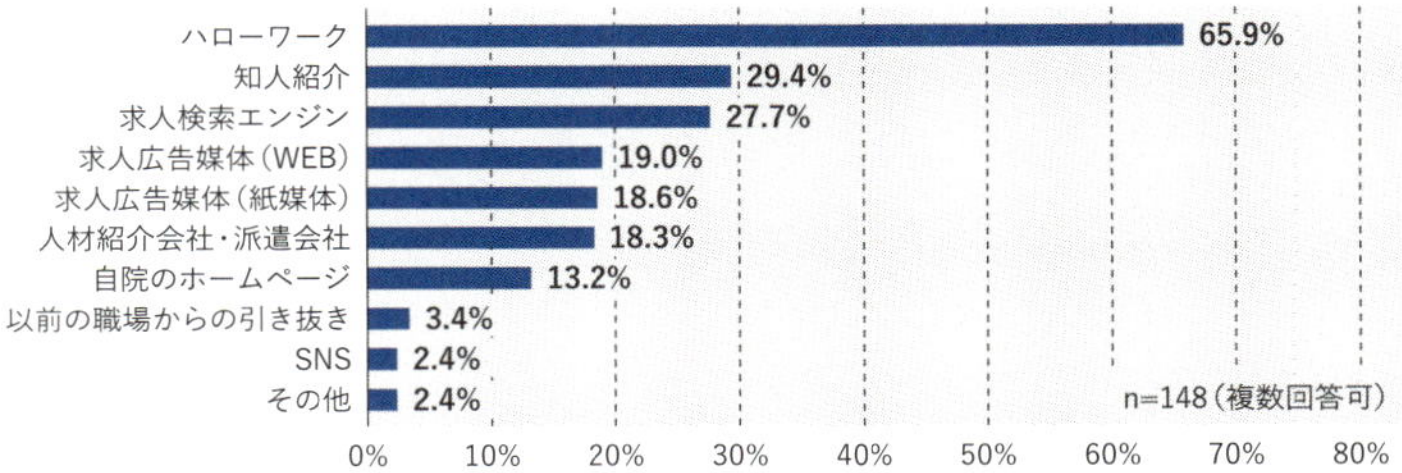

出典：クリニック未来ラボ「開業医白書2023」

しかし、ハローワークで医療従事者を採用するのは、難しいと言わざるを得ません。というのも、看護師などの人材は、病院、クリニックを問わず常に人手不足で、有利な条件を提示する医療機関を選べる立場にあるからです。また、近年は求人検索エンジンなどの気軽に登録できる求職媒体が増えているため、医療事務職であっても、ハローワークを利用する人は多くありません。

そのことは、ハローワークに募集を出している開業医自身がよくわかっているはずですが、それでも続ける人が圧倒的に多いのは、「とりあえず出しておこう」という保険のような意味合いもあるのでしょう。

医療業界はスタッフにお金をかけない？

図13のデータから、さらに見えてくることがあります。それはハローワークや知人の紹介など、コストのかからない採用方法が上位を占めているということです。採用できないと悩んでいるのであれば、人材紹介会社や派遣会社に依頼するほうが確実性は上がります。でも、そうしない理由は費用が高いからです。例えば人材紹介会社経由で人を採用すると、年収の20～30％を報酬として

支払わなければなりません。厚生労働省の「令和5年賃金構造基本統計調査」によると、看護師の平均年収は約508万円となっているため、1人採用するのに100～150万円ほどを人材紹介会社に支払うことになります。

人手不足に悩む他業界では、人材紹介会社やヘッドハンティング会社に依頼して、コストがかかってでも優秀な人材を探すことが当たり前に行われています。それは求職者優位の状況において人材を確保するためにかかる多額の費用を、勝ち残っていくために必要なコストだと考えているからです。

対して医療業界では、スタッフの採用にコストをかけるという発想が、他業界ほど浸透していないのではないでしょうか。原因の1つに、病院経営の在り様があるといえます。クリニックにおける収入源のメインは診療報酬で、その額は保険診療内の同じ治療であれば、国内のどの医療機関でも同じです。そのため、どれほど質の高いサービスを提供しても他院と診療報酬は変わらず、売上に差はつかないことになります。

また、病院では看護基準があり、看護師などの医療従事者については、人件費の総額もある程度決まってしまうのが実情です。そのため、優秀な看護師を見つけても、高い給与を提示して引き抜いてくることが難しいといえます。

そしてクリニックも同じような状況にあり、看護師の給与を上げるという考えが、なかなか根付かないことにつながっているわけです。

それに追い打ちをかけるようにクリニックは増え続けており、選ばれるクリニックになるための競争は激化しています。さらに近年は、企業が経営する介護施設や訪問診療を行う医療機関での看護師募集も、どんどん増加しているのです。そうした施設は一般のクリニックと比べて経営効率が良いため、給与や福利厚生が充実し、人事制度も整っています。求職者から見れば、条件や待遇があまり明確ではないクリニックよりも、しっかりとした経営体制のもとで働きたいと考えるのは自然なこと。

つまり、クリニックが人材を確保するのは非常に大変な状況であり、これからの見通しもますます厳しくなるのは確実です。それだけに優秀な人材の採用は、クリニックの生き残りをかけた必要な投資だと、考えを改めていく必要があるでしょう。

このような市場環境ですから、目指すべきは、患者はもちろん、スタッフからも選ばれるクリニックでなければなりません。それには、優秀な看護師やスタッフに働きたいと思ってもらえる魅力付けが必要となります。

同時に、現在すでにいるスタッフに長く働き続けてもらうことも重要です。まずは、仕事に見合った給与を支払う、という考え方に変えていかなければなりません。

実際、「賃金構造基本統計調査」によれば2010年から2021年まで全体の平均年収は、なだらかではあるものの右肩上がりで、看護師についても年収は着実に上昇しています。コロナ禍により医療業界全体が厳しい状況に陥ったこともあり、2020年まで平均年収がほぼ横ばいだった医師と比べ、看護師をはじめとするスタッフの給与は上昇し続けています。加えて、令和6年度の診療報酬改定で「外来・在宅ベースアップ評価料」や「入院ベースアップ評価料」といった診療報酬の創設も、そうした動きを後押しするに違いありません。

つまり、スタッフにはあまりお金をかけない、という昔ながらの固定観念は捨てて、意識を変える必要があるということです。〝適正な給与＝仕事への正当な対価〟という考えにリセットすることは、人材採用・スタッフの定着のいずれの観点からも欠かせません。

他方、際限なく給与を上げることはできないのも当然です。そこで給与に加え、クリニックのエンゲージメントを高める人材マネジメントをどうすべきか、その重要ポイントについて、Part3で解説します。

コミュニケーション不足は離職率を高める

適切な給与を提示し、無事にスタッフを採用できたとしても、開業医の悩みは続きます。

「ミスマッチ・早期退職者が多い」ことを課題と感じている開業医は14・2%(図11)。つまり、せっかくスタッフを採用しても、次は定着してくれないことに悩んでいるのです。

医療業界に身を置いていれば肌で感じていると思いますが、医療業界は離職率が高いという不名誉な特徴があります。厚生労働省の「令和5年雇用動向調査」によると、医療・福祉業界の離職率は14・6%にまでなっているのです。福祉業界を含んでいるものの、全医療機関を対象とした数字であることから、離職率が高いクリニックの現状とリンクしているといえます。

ここで図14を見ていただきたいのですが、開業医もスタッフの定着に関して、決して手をこまねいているわけではありません。すでに4割以上のクリニックで「賃金の向上」を図っており、「休暇・休日の取得徹底」「労働時間の見直し」に取り組んでいるところも約3割あることがわかります。スタッフが勤務先を選択する上で、検討するであろう諸条件を意識した職場環境づくりが、クリニックにおいても進んでいる事実がうかがえます。

それでも、スタッフの定着促進が実現できないのはなぜでしょう。真っ先に

図14▶開業医が行っているスタッフを定着させるための工夫

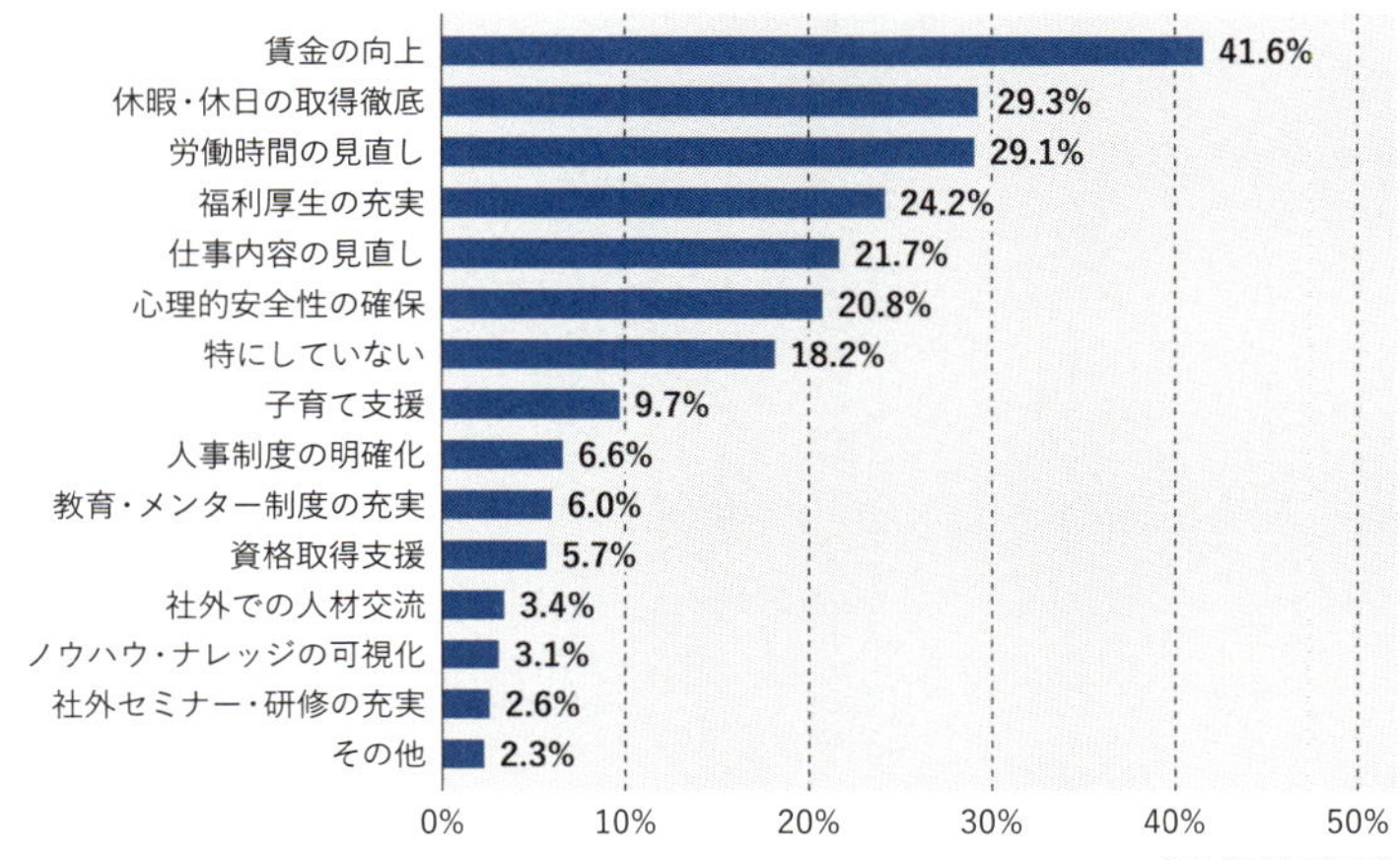

n=351（複数回答可）

出典：クリニック未来ラボ「開業医白書2023」

挙げられる理由は、周辺の医療機関が好条件を設定しており、自院の条件を上回ってしまっていることです。他の施設と比較するポイントが待遇面しかなければ、より良い条件を提示している施設に行ってしまうのも無理はありません。

しかし、人材マネジメントの観点から、待遇以外に着目すべきポイントがあります。それは、院内の「人間関係」です。例えば、医師とスタッフ間、あるいはスタッフ同士の関係が醸成されていないと、ちょっとした行き違いから人間関係が悪化することがあります。口調が少々きつい医師でも、相手のことを真剣に考えてくれる人だとわかっていれば、スタッフは受け流せますが、その前提がないと怒りや反発につながってしまうのです。

それを防ぐには相互理解が不可欠であり、信頼関係ができていれば、待遇面で他院より多少劣っていたとしても、スタッフに長く働き続けてもらうこともできるのです。

要は、スタッフとのコミュニケーションが不足しているということです。

そのことは「開業医白書」での調査からも明らかです。スタッフマネジメントで実践できていないと感じることの1位は「不満を吸い上げること」。3位の「頻度の高いコミュニケーション」と合わせると半分以上を占めます（図15）。開業医はとにかく忙しく、患者をできるだけ待たせないよう、診療時間内は診察に追われています。そして、診療が終わった後も、経営者として片づけなければならない業務がいくつもあります。その中で、スタッフと膝をつき合わせてじっくり話す時間を確保するのは大変なことです。

加えて、クリニックが「文鎮型」の組織構造であることも、スタッフとのコミュニケーション不足を引き起こす一因となっています。

病院や一般企業のように、部下を管理する中間管理職を置いたピラミッド型組

図15▶開業医がスタッフマネジメントで実践できていないと感じること

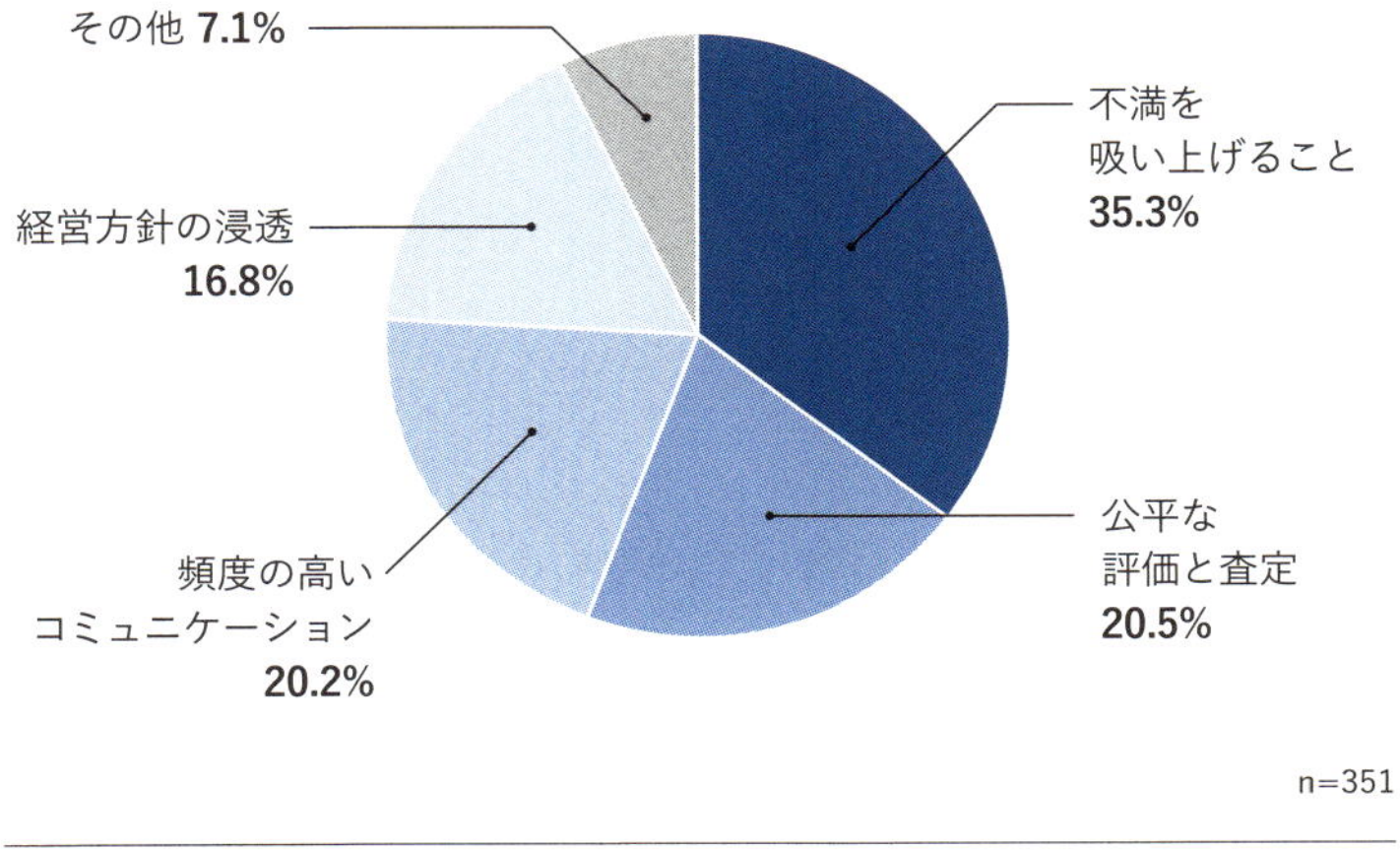

n=351

出典：クリニック未来ラボ「開業医白書2023」

織であれば、経営者はその管理職から情報を吸い上げることで全体を把握できます。しかし、開業医がトップにいるものの、それ以外のスタッフがフラットな文鎮型組織では、開業医自らが全体を管理しなければならず、スタッフマネジメントに多くの時間を割く必要があるのです。

また、クリニックでは、男性医師1人と複数の女性スタッフという構成が多いため、医師が女性スタッフたちの中に入ってうまくコミュニケーションをとることが難しい側面もあります。医師にそんなつもりはなくても、話しやすい誰かとばかり接していることで、他のスタッフが不平等だと感じてしまう恐れもあります。

そもそも、日ごろから良好な関係を築けていない医師に、スタッフが心を開くとも思えません。結果として、面倒なことから目を背けるように、関係構築を怠っている医師も少なくないのです。

先述した「スタッフマネジメントで実践できていないと感じること」の2位に入った「公平な評価と査定」も、定着率に大きく影響する課題です。

スタッフを採用する際、応募者からの要望をベースに、長く働いているスタッフよりも高い給与を受け入れてしまい、それが他のスタッフに漏れ伝わってしまったことでトラブルの引き金になったというのは、ときおり耳にする話です。

これはひとえに、人事評価の基準がないことで起こる問題です。

基本的に病院では、年功序列型の評価を基盤にしていることが多く、勤務医がスタッフの具体的な人事評価や給与決定の仕組みを知る機会もほとんどありません。そして、そのまま開業医となった医師は、〝なんとなく〟スタッフの給与を決めているのが現状です。

しかし、評価や査定はスタッフのモチベーションに関わる大切な要素です。自分ががんばっていることを院長がしっかりと見てくれて、給与にそのがんばりが反映されれば、うれしくないはずがありません。「もっとがんばろう」と、やる気も湧くでしょう。何が評価されて、どのように査定へ反映されているのかが明確であれば、他の人との給与に差があったとしても納得できるはずです。

スタッフマネジメントでは、この〝納得感〟がとても重要になってきます。

Part.3

解決法

カギを握るのは強い〝理念〟と日頃からの〝目線合わせ〟

これからは、患者にもスタッフにも選ばれるクリニックを目指さなければならないのは、先に触れた通りです。ただ、スタッフから選ばれる基準を待遇面のみに絞れば、すぐに限界がきてしまいます。

あっという間に良くなった待遇に慣れてしまい、さらに上を求めるようになるからです。例えば、周辺の医療施設よりも1・2倍の給与を設定したとしましょう。最初はそこに惹かれて人が集まるかもしれませんが、一度もらってしまうと、その額が当たり前となり、さらに給与が上がっていかないと不満を抱くようになってしまうのです。しかも勤務先を待遇だけで選んだ人は、より良い待遇のクリニックを見つければ、そちらへ移ってしまいます。

他方、スタッフが「このクリニックで働きたい」と思う理由は、待遇に限ったことではありません。先ほど挙げた良好な人間関係に加え、何よりも大切なのが、院長の〝志〟やクリニックの〝理念〟に共感できるかです。

「何を青臭いことを」と思う人も、なかにはいるでしょう。

しかし、ビジネスの世界においては、「理念経営」を経営戦略の中心に据える企業が増えているのです。多くの企業がミッション・ビジョン・バリューを明文化して、自社の社会的役割や存在意義を従業員に理解してもらい、価値観の共有・浸透を図ることで社内の一体感を醸成し、目標に向かう推進力を生み出しています。

ここで考えてみていただきたいのですが、看護師など医療の世界に身を置こうと飛び込んできた人の大部分は、10代から医療のなんたるかを学び、その人なりの志や思いを育んでいるものです。患者を救いたい、その手伝いをしたい、丁寧なケアで元気になってほしい、笑顔になってほしい——。思いはそれぞれ違っても、医療を通じて価値を提供したいという点において同じでしょう。

つまり、もともと理念や志を共有しやすい土壌があるのです。

仕事を探すスタッフに、思いを共有できる医師がいるクリニックだと感じてもらえれば、やりがいを持って仕事に取り組める勤務先として選んでもらえます。そして実際に働いてみて、その期待が実感に変われば、その人の心の中には長く働き続ける理由が生まれます。

実は、以前私たちがインタビューした、あるクリニックは、離職者がほとんどいませんでした。

その院長が掲げるクリニックの理念は、「患者のバックグラウンドまで把握し、必要に応じて家族ともよく相談しながら診療方針を考える」というものです。実際にそれを診療で実践しているのはもちろんのこと、院長の考えを日頃からスタッフにも繰り返し共有することで、自然と院長に共感するスタッフが集まり、高い定着率を実現していました。

もちろん、どれほど理念に共感できても、給与が低すぎたら選んではもらえません。就職先の選択は、理念や待遇、人間関係といった複数の要素をかけ合わせて判断するものです。しかし、好待遇を提示できるクリニックは限られていて、多くは似たような条件しか提示できません。その中からどこを選ぶかとなれば、共感できる理念や志があることは大きな決め手になり得ます。

志や理念のほかにも、求職者の心を動かすものがあります。それは、将来同僚となる、すでに働いているスタッフの情報です。考えてみれば当たり前のことですが、働いている人が充実した顔をして、イキイキと仕事に打ち込んでいるクリニックは、働きがいのある職場だと興味が湧くものです。自分がそこで働いている姿も、イメージしやすくなるでしょう。

そうした情報発信は、実は医師が思っている以上に大切なのです。

患者だけでなく、求職者に向けた情報発信を！

どのような治療を行えるのかという、患者向けの情報発信に力を入れているクリニックはありますが、未来のスタッフに向けたアウトプットを積極的に行っているクリニックは、残念ながらあまりありません。人材採用・定着率アップのためには、そのことに対する危機感をもっと持たなくてはならないのです。

看護師になる人は年々増えています。同時に、訪問看護や介護施設など、看護師が働ける場所も広がっています。また、働き方改革によって一人ひとりの労働時間短縮を進める医療機関が増えている分、それぞれの医療機関が必要とする看護師の数も増加しており、慢性的な人材不足という状況は改善されていません。

特に夜勤のある病院では、妊娠や出産といったライフイベントによって、それまで通りに働き続けることが難しくなった看護師が、辞めていくケースが後を絶たないのです。

夜勤のないクリニックは、そうしたライフスタイルの変化で病院を辞めた看護師の受け皿になれるはずですが、クリニック自体の数が増えているばかりか、前述の通り、看護師の就業先が広がっているため、これまで以上にスタッフ確保の難易度は上がっています。

今こそ、未来のスタッフに向けて、内容を吟味した情報発信の重要性を認識するべきです。

ただ、気を付けたいのは、耳ざわりがいいだけの実態をともなわない情報を発信して採用しても、すぐに辞めていってしまうということです。それだけならまだしも、口コミサイトに「働き始めた後とのギャップが大きい」などと書き込まれてしまっては、これからの採用にも悪影響を及ぼします。

ここまで理念や志を発信することの重要性について、求職者側の視点でメリットを紹介してきましたが、実は求職者に理念や志を理解してもらうことは、開業医にとってもメリットが大きいのです。同じ理念を共有できるスタッフが揃えば、クリニックの一体感が醸成されやすく、同じゴールを目指していけます。それは、開業医のつくりたいクリニックを実現する第一歩。勤務医という制約から解き放たれて、自分の理想とするクリニックをつくりたいと考えた開業当初の思いを叶えることにつながります。

院長とスタッフの距離感を縮めるコミュニケーション

クリニックは病院と比べると、小さな社会です。院長とスタッフの距離が近いため、クリニックの文化や雰囲気、院長や他のスタッフとの関係性が、働き続けるかどうかの大事な判断要素になっています。

特に、人間関係は退職理由の上位に挙がるものです。

厚生労働省が行った調査「令和4年雇用動向調査」によると、「定年・契約期間の満了」を除けば、男性・女性ともに退職理由の2位が「職場の人間関係が好ましくなかった」からでした（図16）。

理念や志をスタッフに浸透させるためにも、人間関係を育み、意見を共有しやすい環境をつくっていかなければいけません。理念を書いた色紙を額縁に入れて飾っているだけで、誰も気にしないという職場にならないようにする必要があります。

ただ現実には、先に挙げた図15のデータからもわかるように、経営方針を浸透させるために何をすればいいのか悩む開業医が少なくないようです。

この問題に対する効果的な解決策の1

図16▶仕事を辞めた理由

	男性	女性
1位	労働時間、休日等の労働条件が悪かった	労働時間、休日等の労働条件が悪かった
2位	職場の人間関係が好ましくなかった	職場の人間関係が好ましくなかった
3位	給料等収入が少なかった	給料等収入が少なかった
4位	会社の将来が不安だった	仕事の内容に興味を持てなかった
5位	仕事の内容に興味を持てなかった	会社の将来が不安だった
6位	能力・個性・資格を生かせなかった	能力・個性・資格を生かせなかった

出典：厚生労働省「令和4年 雇用動向調査結果の概況」

つが、コミュニケーションです。毎日、じっくり話を聞く時間を確保する必要はありません。日ごろから、ちょっとした会話をするだけでも、スタッフとの距離感はだいぶ変わってくるものです。

ある開業医は、毎日の昼食をスタッフと一緒にとるようにしていました。全員強制参加で、昼食をともにするという堅苦しいものではありません。院内でお弁当を食べているスタッフの輪に交じって、会話に加わるだけ。日々、参加するメンバーの顔ぶれは変わるといいます。

たったそれだけのことですが、日々お昼の時間をみんなで過ごす習慣があるからか、年に1回、感謝の気持ちを込めて開く食事会の参加率が非常に高く、スタッフはとても喜んでくれるそうです。

つまり「院長に気軽に話しかけていいんだ」と思ってもらえる空気感を、いかにつくるかが大切なのです。

なかには、忙しさのあまり、いつもピリピリしていて「話しかけるな」というオーラを全身から出してしまっている医師もいるのではないでしょうか。

診療中は仕方ありませんが、診察室を出たら緊張をほどいて、気軽にスタッフに声をかけてみる。まずはそこから始めてみましょう。

ある看護師が転職先を探しているときに、知人から紹介されたクリニックは他に検討していたところよりも待遇面で劣っていました。しかし、院長としっかりコミュニケーションをとれて、スタッフ同士の仲が良く、職場の雰囲気が良かったことから、最終的に紹介先のクリニックを選んだそうです。

スタッフは院長が思う以上に、距離感を重視しているのです。

ただ、医師とスタッフの関係がいくら近くても、院長に伝えたい相談や不満を、面と向かって話すことに抵抗を覚える人もいます。

そんなときに役立つのが、デジタルツールを利用したコミュニケーションで、スタッフとコミュニケーションをとることに苦手意識を持っている医師にも有用な方法です。詳しくは、次のChapter03で解説します。

“納得感”ある評価はモチベーションの源泉

スタッフに定着してもらうために重要な要素である、納得感のある評価・査定についても触れなくてはいけません。課題編でも指摘しましたが、基準のあいまいな評価はスタッフの不信感のもとです。年齢が上だから、経験年数が長いから、といった理由だけで給料を上げていることはないでしょうか。地道に仕事をがんばって、結果を出している人は納得できないのも当然です。

そうした感覚的な判断基準ではなく、スタッフの貢献度や成果を適切に評価して報酬に反映する仕組み＝人事評価制度を導入することで、不満は生まれにくくなります。

もちろん、公平な査定といっても、何をどうすればいいかわからないと思われるのも、仕方のないことです。

重要なポイントは「公正性」と「透明性」、そして「納得感」です。

「公正性」とは、職種や役職、経験年数などに合わせた適切な評価項目の設定や、客観的な評価かどうか、そしてそれがきちんと給料に反映されているかといった点です。例えば、看護師と受付では仕事内容が違うため、評価すべきポイントや、それぞれの給与の算定ロジックが異なるのは当たり前でしょう。にもかかわらず、勤続年数や感覚だけで給与を算出していたら、納得感を得にくい状況となります。

そして「透明性」とは、文字通りどのような基準で評価されているのかが透明でオープンになっていることです。不透明だと、「院長は○○さんのことを贔屓しているから給料が高い」といった誤解を生みかねません。

こうした「公正性」や「透明性」が担保された人事評価制度が運用され、それが給料へと適切に反映されれば、「納得感」は自然と高まっていくものです。

しかし、人事評価制度を導入してこなかったクリニックでは、評価すること、されることに慣れていません。そのため、「評価すること・されること」に慣れるところから始めることが大切です。

まずは、院長自身がクリニックの現状を分析して、そこから見えてくる課題をもとに、「なぜ人事評価制度の基準をつくりたいのか」について、じっくり整理してみてください。それを踏まえて「どんな基準なら自分のクリニックに合っているのか」を考えながら評価項目を設定し、それに基づいて、どのような方法で評価するのかを決めます。

評価方法として取り組みやすいのが、目標管理型の評価です。これは、スタッフ自身に半年、あるいは1年間などの期間を区切った目標を設定してもらうことがスタートとなります。そして、設定した期間が経過したタイミングで、その目標の進捗状況や達成状況を見て評価します。年に一度や半期に一度、スタッフの目標設定についてすり合わせる面談の場を設ければ、コミュニケーションも深まり、互いが考えていることを理解し合う機会にもなるはずです。目標設定をすべてスタッフ任せにしてしまうと、あまりにも簡単に達成できてしまう目標を立てたり、逆に無茶な目標を立てたりしてしまう可能性があるため、医師がアドバイスをしながら、スタッフに考えてもらうことが大切です。

また、設定する目標は、クリニックの理念実現に紐づくものであるべきです。自己成長やスキルアップといった個人的な目標でも構いませんが、力を付けた結果、クリニックの経営や理念達成のために、その成長をどのようにつなげていくのかまでスタッフに考えさせることができれば、クリニック内の理念浸透にも役立ちます。

人事評価制度を導入することは、経営面でのメリットもあります。感覚的に決める評価や昇給制度から脱却することで、適切な人件費管理ができるようになるからです。感覚で給料を決めることは、往々にして人件費の高騰を招きます。

また、スタッフも明確な目標ができれば、仕事への向き合い方が変わり、達成したときの充実感も味わえます。面談を通じて達成状況を院長が確認することで、「院長が見てくれている」と感じてもらうことにもなります。これが最終的に院長とスタッフ間の信頼を育むことにも結び付くのです。

目標達成の結果と人事評価・査定を連動させれば、自分のがんばりを給料という形で実感でき、スタッフのモチベーションは間違いなく向上します。結果として、定着率も上がる好循環が生まれるでしょう。人材の確保・定着はチームクリニックの根幹にも関わるため、真剣に考えるべきテーマです。

Chapter 03

チームクリニックへの道〜Digital「医療DX」を実践

Part. 1

白書

電子カルテ、オンライン診療……。埋まらない世代間の壁

厚生労働省の調査によると、2020年の一般診療所における電カルの普及率は49・9%でした。これが2023年に実施した「開業医白書」の調査では、61・8%へと伸びています（図17）。他方、年代別の導入率を見ると、大きな世代間格差が生じているようです。40代以下の若手開業医では92・1%という非常に高い導入率を示すものの、60代以上になると44・1%と半数を割ってしまっていました。若手世代では当たり前になりつつある電カルも、高齢の開業医にとってはまだまだ手を出しにくいシステムだということがわかります。

ただ、本書においては電カルを「医療DX」の中心に据えるつもりはありません。電カルの導入は医療費の抑制や情報の一元化といった文脈で国が強く推進していることもあり、「医療DX」といったとき一丁目一番地のように取り上げられています。

しかし、電カルを導入することでDXを達成したと考えるのは早計です。

図17▶電子カルテの導入有無と年代別導入率

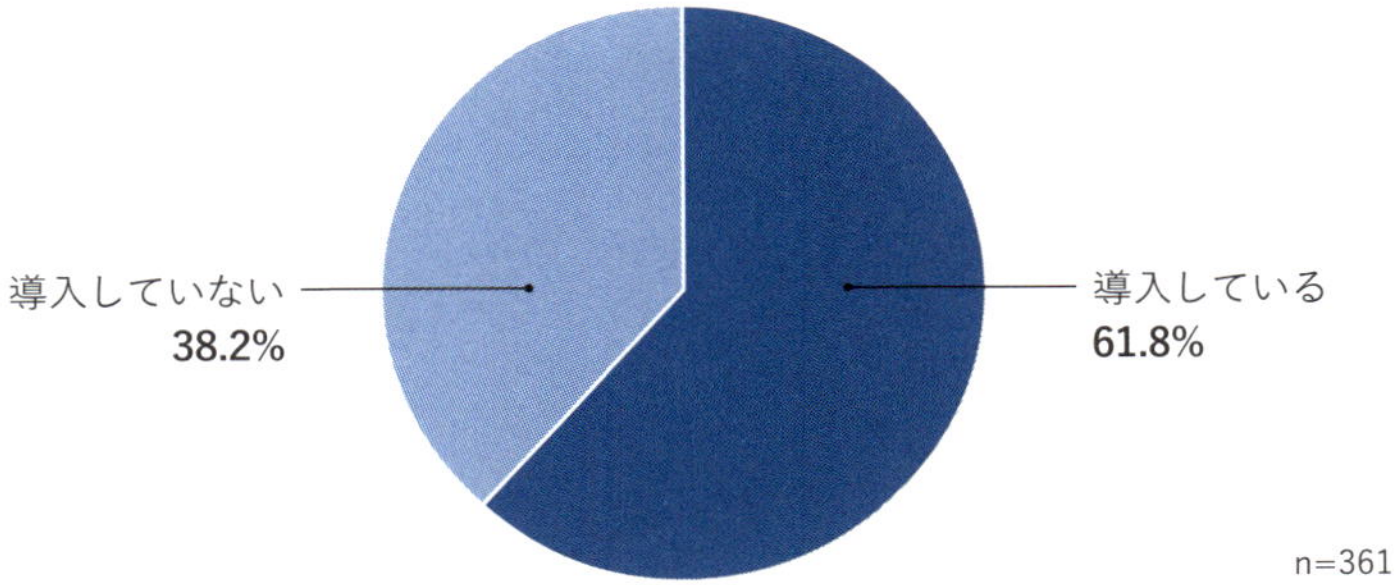

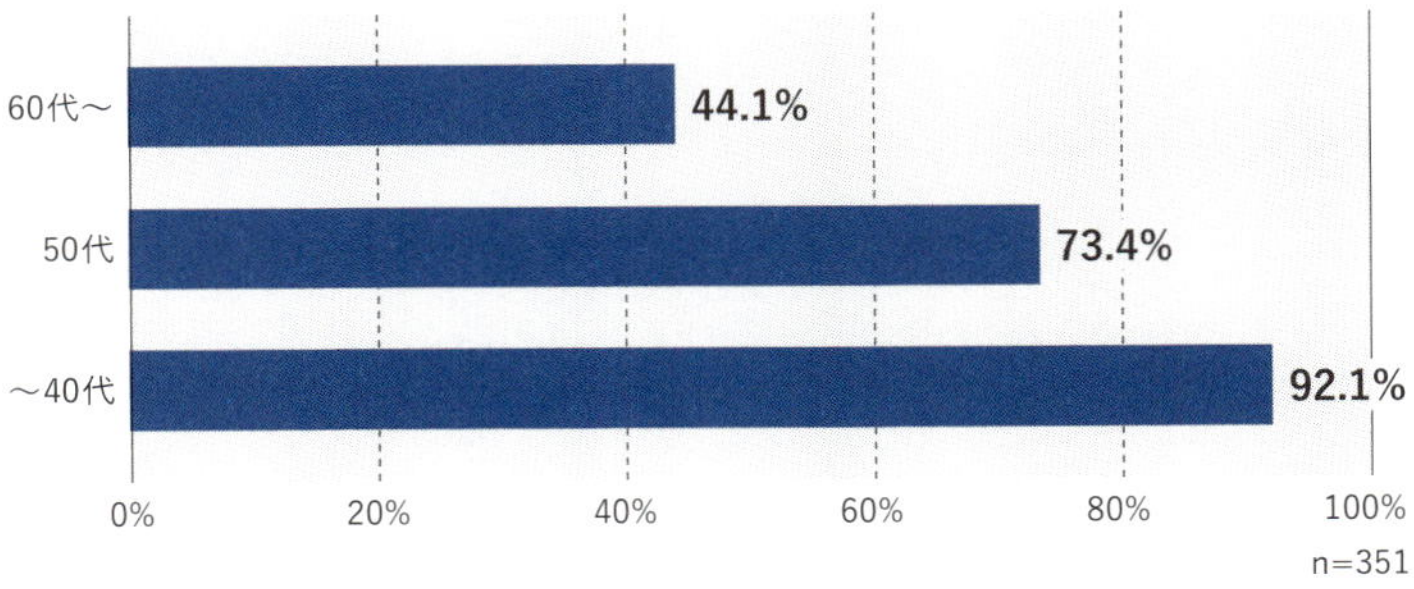

出典：クリニック未来ラボ「開業医白書2023」

そもそもＤＸとは、進化したデジタル技術を活用・浸透させることで、人々の生活や企業・団体などの事業活動をより良いものへと変革することです。しかし、紙のカルテに長く慣れ親しんできた高齢の開業医の場合、診察しながらパソコンに文字を打ち込んでいくのは負担が大きいという側面もあるでしょう。電カルによって、画面１つでできることが増えるというメリットはありますが、それは裏を返せば、覚えることが一気に増えるということでもあります。

幼少期からデジタルのツールやサービスに親しんできた若い人であれば、パソコンやタブレットを活用することや、それらの新機能を習得するのはさほど苦ではないですが、パソコンを使うことにやっと慣れてきた世代にとって、それは苦痛でしかないかもしれません。しかも、多忙を極める日々の中、能動的にというより義務感で新しいシステムを習得するための時間を確保するのは、気の進まない方もいるでしょう。そうした背景が、60代以上における導入率の低さに表れていると思われます。

とはいえ、10年後、20年後の未来に電カルを使っていないクリニックがあることは考えにくいのも事実です。

つまり電カル導入の問題は、世代交代という時間軸の中でいずれ解決されていくものだといえるでしょう。そのため、本書ではあえて電カル問題を脇に置いて、患者とクリニックのためにあるべき医療ＤＸを主軸に考えていきます。

ＷＥＢ予約システムは医療ＤＸの一丁目一番地

ここからは医療ＤＸといったとき、電カル以外で話題に挙がることの多いツールやシステムについて解説します。

まずはＷＥＢ予約システムです。近年では、飲食店や宿泊施設、公共交通などがスマートフォンやパソコンから手軽に予約できるようになったことで、ＷＥＢ予約という文化が生活者にとっては当たり前となってきています。ところが、クリニックでは導入率わずか23・４％という数字にとどまっており、電カル導入率で90％を超えていた40代以下の若手開業医ですら、44・４％と半数にも達していません（図18）。60代以上に至っては、わずか14・５％です。

また、新型コロナウイルス感染拡大によって規制が緩和されたオンライン診療の導入率は、19・７％とさらに低い数値にとどまっています。こちらは40代以下も60代以上も導入率にそれほど差はなく、いずれも２～３割程度でしかありません。

これら2つの調査結果から見えてくることは、患者が求めているデジタル化について、開業医は、まだそれほど真剣に考えるべきものとして捉えられていないのではないか、ということです。

WEB予約が他の業界で急速に広がっていることを考えれば、病院やクリニックだけ電話で予約したほうが安心するなどということは、あまり考えられません。「急患への対応」や「WEB予約ができない高齢患者の存在」などの要因から、医療業界における「完全予約制」の導入は、まだ難しい側面もあるでしょう。他方、WEB予約にメリットを感じる患者が多いことや、高齢者のデジタルリテラシーが向上している時勢を鑑みれば、生活者の利便性を高めるという観点で、WEB予約システムは医療DXの一丁目一番地といっても過言ではないと言えます。だからこそ、いきなり〝完全WEB予約制〟にするとはいわずとも、段階的に予約システムを導入していくことが、今後のクリニック運営において重要なカギになるのです。

もう1つのオンライン診療については、実は導入が進まない明確な理由があるため、詳しくは課題編で触れていきます。

図18▶WEB予約システムおよびオンライン診療の導入有無と年代別導入率

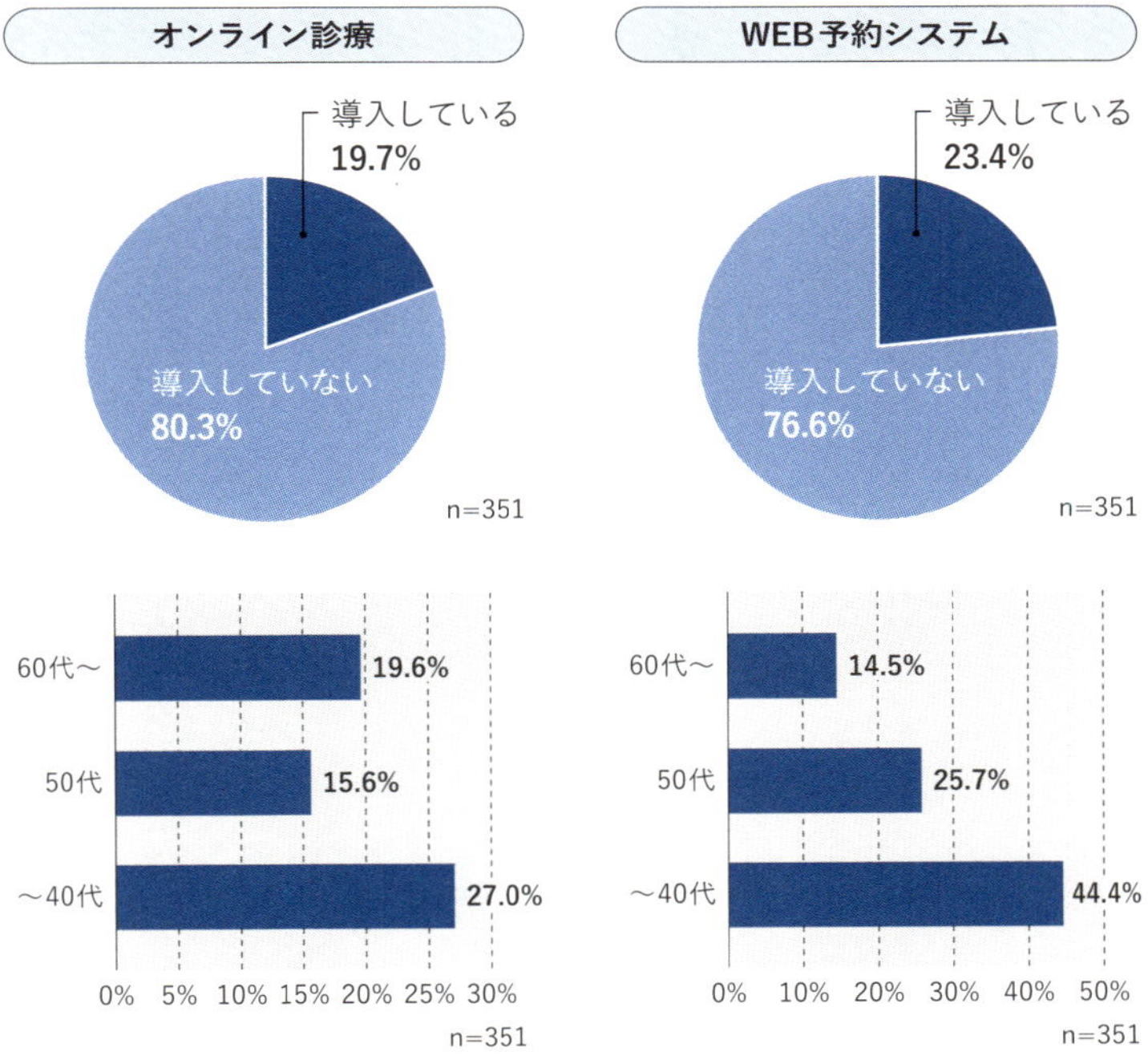

出典：クリニック未来ラボ「開業医白書2023」

Part.2

課題

デジタル導入の遅れ。そのしわ寄せは患者とスタッフに！

医療業界においてもWEB予約のニーズがあると書きましたが、データからもそのことは明らかになっています。

患者が医療機関を探す際、「ネット予約ができるか」を重視しているかどうかを聞いたアンケート結果によると、「重視している」「重視はしていないが確認はしている」人が、実に7割近くに達しています（図19）。

さらに、医療機関利用者の約3分の2が、WEB予約経験者という結果も出ているのです。

特に、20〜30代の若い世代では約8割が利用しており、40〜50代でも半数以上の人が利用したことがあるという回答が得られました。開業医側の導入率とは数字にかなり乖離がありますが、今後、利用者がさらに増えていくことは確実だと考えられます。

図19▶ネット予約を重視しているかと利用経験の有無

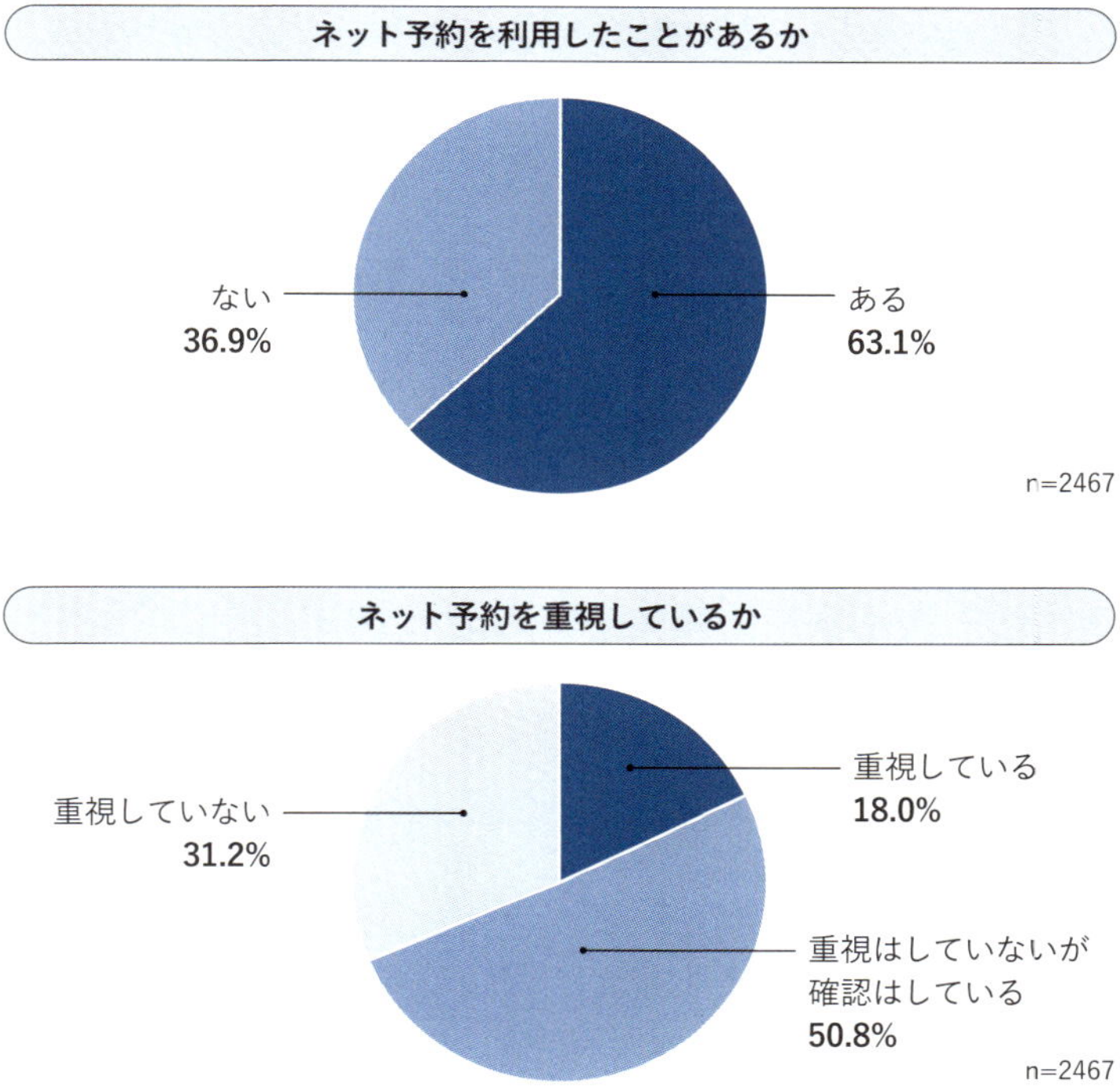

出典：ドクターズ・ファイル編集部「ネット予約の活用状況に関する調査」(2021年3月実施)

このようにWEB予約の利用が広がっているのは、患者にとって大きなメリットがあるからです。図20の調査結果で1位となった「待ち時間が短かった」というのはWEBに限らない予約によるメリットですが、2位以降の「電話をせずに済んだ」「時間や場所を問わず予約できた」「順番・待ち時間を随時確認できた」などは、WEB予約ならではのメリットだといえるでしょう。

特に「電話をせずに済んだ」が2位になっているのは、実に〝現代らしい〟結果だといえます。最近は電話に出るのも、かけるのも苦手という人が少なくありません。デジタルネイティブといわれる10代〜20代は、普段からLINEなどの

図20▶ネット予約にどんなメリットを感じるか

1	**待ち時間が短かった**	**67.6%**
2	**電話をせずに済んだ**	**58.7%**
3	**時間や場所を問わず予約できた**	**42.6%**
4	順番・待ち時間を随時確認できた	40.6%
5	感染リスクを避けることができた	21.0%
6	事前決済を利用できた	3.3%
	その他	0.4%
	メリットはなかった	13.0%

n=700（複数回答可）

出典：ドクターズ・ファイル編集部「ネット予約の活用状況に関する調査」（2021年3月実施）

メッセージアプリを多用しているため、電話によるコミュニケーションに慣れておらず、億劫に感じることも多いようです。もう少し上の世代でも、電話を苦手に感じる人は増えているようで、プライベートではほぼ電話は使わないという声も多くあがっています。

そうした人たちにとって誰とも接することなくシステム上で予約が完結するWEB予約はとても利用しやすい機能といえるのです。

また、WEB予約であれば、スマートフォンからいつでも、どこでも予約することができます。

例えば共働きの家庭で、仕事中に保育園から子どもが発熱したと連絡が入り、急遽迎えにいくことになったとしましょう。もし出先からクリニックに予約ができれば、迎えに行った足でそのまま診療を受けることもできます。

また、多忙な日々を送っている人は、日中になかなか予約の電話を入れられないこともあるでしょう。でも、WEB予約であれば、24時間いつでも予約ができるようになります。時間を問わない予約システムは、開業医が思っている以上に患者にとってありがたいシステムなのです。

このようにさまざまなメリットのあるWEB予約ですが、利用していない患者も36・9%いました。その理由を聞いたところ、53・6%の人が「通っている医療機関が対応していない」と答えています。つまり、半数近いクリニックが患者に不便を強いてしまっているかもしれないということです。

オンライン診療を始めるなら、チームクリニックで

白書編で宿題としていた、オンライン診療の普及が遅々として進まない理由について、私たちの考察があります。

スマートフォンやパソコン、タブレット端末などのデジタル機器を介して医師が患者の診察や薬の処方をするオンライン診療が、患者にとって便利なサービスであることは、WEB予約と変わりません。

オンライン診療を利用したことがある人に良かったことを聞いた結果が、図21です。体調不良のときは最寄りの医療機関へ行くのも、待合室で待たされるのもつらいので、自宅で診察してもらえるならそうしてほしいと思う人がほとんどでしょう。その思いが、調査結果にも表れています。

図21 ▶オンライン診療を利用して満足したところ

1	**待ち時間のなさにメリットを感じた**	**45.2%**
2	**対面と比較しても医療提供の内容は満足のいくものだった**	**39.8%**
3	**対面と同様、またはそれ以上に相談しやすかった**	**35.4%**
4	感染予防にメリットを感じた	34.8%
5	都合の良い場所で受診できることにメリットを感じた	28.4%
6	端末操作や電波などに左右されずスムーズに受診できた	26.2%
7	負担金額がなかった・少なかった	11.8%
8	処方箋の受け取りがスムーズだった	9.8%
9	満足した点はなかった	2.4%
10	その他	0.4%

n=500（複数回答可）

出典：ドクターズ・ファイル編集部「オンライン診療の利用状況に関する調査」（2021年3月実施）

しかし、クリニック側からすれば、オンライン診療はとても非効率でリスクの大きいサービスであり、現状ではメリットよりもデメリットのほうが大きいといえます。

現在、多くのクリニックでは医師が1人で診察しています。待合室には自分の順番を待っている患者がいて、1日に数十人の患者が訪れるでしょう。そんな中、リアルで通院する患者とオンライン診療の患者をどのように診察していくか、そのバランスが難しいと考える方が多いのではないでしょうか。

曜日と時間を限定してオンライン診療枠を設けるといった手段もありますが、患者がクリニック側の都合に合わせることは、オンライン診療のメリットそのものを半減させてしまうでしょう。

また、せっかくオンライン診療枠をつくってパソコンの前で患者のアクセスを待っていたのに、その時間に予約した人が誰一人こなかったというケースも考えられるわけです。仮に、その時間で通常の診療を受け入れていたらと考えると、大きな機会損失になってしまいます。

図22の結果を見てもわかるように、オンライン診療の高い満足度を考えれば、いずれ普及していくことは間違いありません。ただ、現状のクリニックにおける人員構成では、難しいといわざるを得ないのです。

一方、近年、SNSやチャットアプリを活用した予約不要の健康相談などを行うクリニックも出てきています。こちらは自由診療なので、15分3000円といった収益を考えた料金設定にすれば、売上面にも貢献できるでしょう。

しかし、その形式ではいつ相談がくるかわからないため、医師が院長1人体制のクリニックでは、なかなか対応が難し

図22▶オンライン診療を利用して満足したか

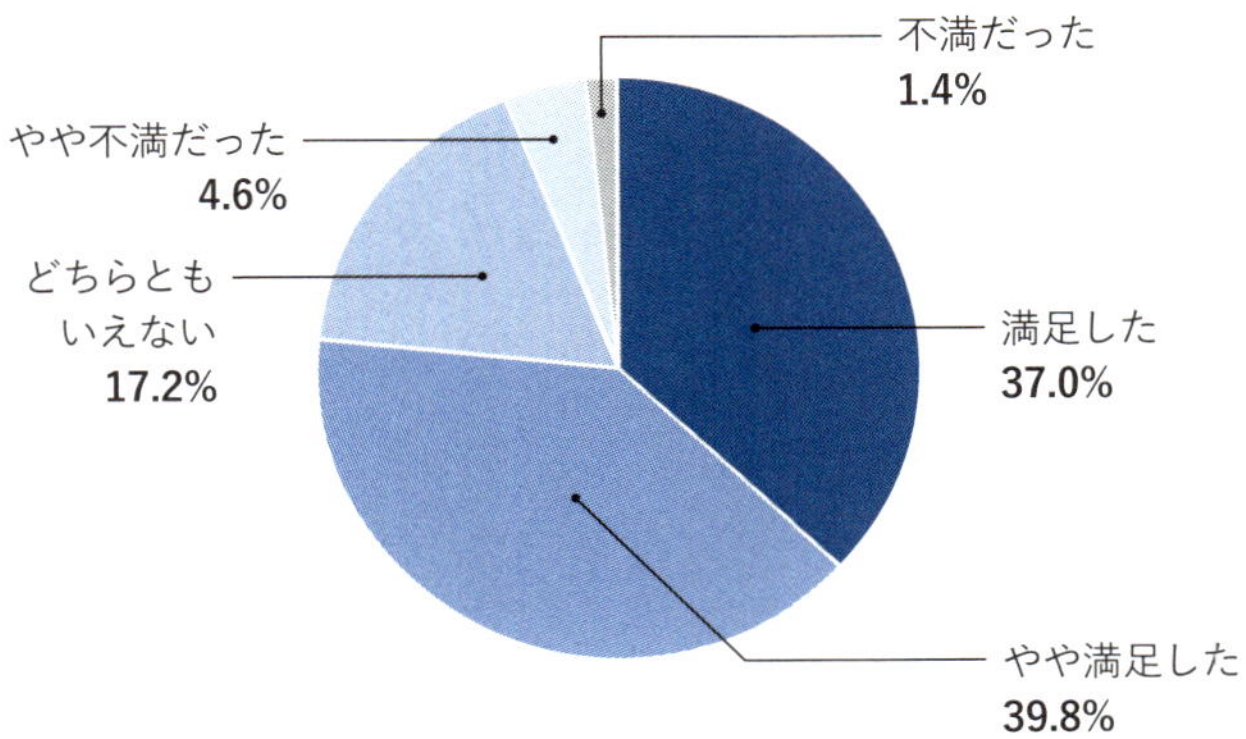

出典：ドクターズ・ファイル編集部「オンライン診療の利用状況に関する調査」（2021年3月実施）

いのです。
だからといって、まったく対応しないままでいるのは、将来的なクリニック経営を考える上で、逆にリスクになりかねません。

その点においても私たちが提案したいのが、チームクリニックです。

医師複数名体制のチームクリニックを実現すれば、オンライン診療やチャットによる健康相談などに対応する医師を随時確保することが可能となります。担当者を交代しながら、「木曜日の午前中は○○先生がオンライン診療とチャットによる健康相談を対応して、午後は△△先生に交代する」といった具合でシフトを組んでいけば、比較的長い時間で枠をつくることができるでしょう。直接来院する患者は別の医師が対応してくれるとなれば、オンラインで受け入れる内容の幅も広げることができ、前述したオンライン診療のデメリットを克服できるわけです。
そこにWEB予約も組み合わせれば、患者にとっても利便性が大きく向上するのは間違いありません。

Part.3

解決法

ツールをフル活用し、ニーズを捉えた魅力ある医院に進化

患者の利便性を考えれば、WEB予約システムの導入は、クリニックにおける医療DXの中でも要といえます。電話をかけるのが苦手な人や、日中は忙しくて予約をとるのが難しいという人の存在を考えると、人と会話せずに、夜でも気軽に予約できるWEB予約システムは、何よりも患者が欲しているサービスなのです。とはいえ、WEBで予約ができれば、どのようなシステムでもいいわけではありません。医師にとっては、そのあたりも未知の領域であるケースが多く、いざ導入しようとしても、どのようなシステムを選べばいいのかわからない、なんとなく入れてみたけれど、クリニックのオペレーションと合っていなくて活用できていない、という声もよく聞きます。

まず気にかけるべきは、患者とクリニックのスタッフが実際に触れる、それぞれの操作画面、ユーザーインターフェース（以下、UI）です。これが直感的

に操作できるものでなかったり、入力項目が多くて煩雑だったりすると、「使いにくい」システムであり、利用率が下がってしまいます。

昨今は、SNSツールとして幅広い世代が利用しているLINEと連携するシステムもあり、患者やスタッフにとって使いやすさを追求したものを選ぶことが肝要です。


一方で、気軽に使えるがゆえに、当日キャンセルや無断キャンセルが発生しかねないという課題もあります。

せっかく時間を空けて医師が待機していても、キャンセルされてしまっては時間とコストのムダになってしまうだけに、予約制を導入するクリニックの多くが頭を悩ませています。こうした事態をできるだけ避けるためには、リマインドを送る機能を搭載したシステムを導入するのがいいでしょう。

リマインド機能とは、予約の前日や数日前に、自動送信されるメールやアプリの通知などで予約内容を利用者に確認するものです。利用者が予約日時をうっかり忘れているというケースもあるので、予約日が近づいたタイミングでお知らせを送るわけです。ただし、このリマインド方法にも工夫が必要で、確実にリマインドを確認してもらうには、患者が普段から利用しているツールを用いることが大切です。

そのため、地域住民の年齢層などを鑑みて患者のニーズに合った方法を検討することをお勧めします。

また、スタッフが操作に慣れるまでにはそれなりに時間がかかるため、導入した後のサポート体制もしっかり確認しておくべきです。受付担当者の予約対応などの業務負担を軽減するためにＷＥＢ予約システムを導入したのに、使いこなせず、かえって業務時間や負担が増えてしまった……というのでは本末転倒だからです。

さらに見落としがちなポイントも、１つ挙げておきます。

それは医療機関向けのシステムかどうかという点です。医療ＤＸにおける一丁目一番地にＷＥＢ予約を位置づけるからこそ、〝選ばれるクリニック〟になるためにはクリニックに適した、医療業界に特化した専用システムを導入することが不可欠なのです。

スタッフ間の伝達ミスを防ぐには……

医療DXを語る上で、WEB予約システムの次に重要だといっても過言ではないテーマがあります。それが、デジタルコミュニケーションです。

現在、あなたのクリニックではスタッフと医師の間で、どのように情報を伝達しているでしょうか。多くのクリニックでは、口頭でのコミュニケーションに、ほぼ依存しているのではないでしょうか。そのため、スタッフから重要な情報を聞いても「後でメモしておこう」と思いつつ、いつのまにか忘れてしまった……なんてことも多いでしょう。特に診療中は、医師が非常に慌ただしく動いているため、こういった伝達ミスが起こりがちです。

一方でスタッフ側も、診察、カルテ記入、次の患者の診察と、休む間もなく駆け回っている医師に、どのタイミングで声をかければいいかわからないという悩みがあることが、私たちの調査でわかりました。なかには、伝えるタイミングを見失ったまま、伝えること自体を忘れてしまった経験のある人も少なくありません。

また、診療時間中に口頭で伝える場合、プライベート性の高い情報などが、その場にいる患者の耳に入る可能性もあるので注意が必要です。

口頭以外の伝達手段としては、付箋を使うケースもあります。クリニックのスタッフはシフト勤務のため、伝達事項を記入して、次のシフトに入っているスタッフに情報共有するという人も多いようです。また、医師への申し送りを付箋に書いて貼っていたら、デスクが付箋だらけになってしまったというのもよく聞く声ですが、いずれの場合も「情報を正しくスムーズに伝える」という点では、課題が残ります。

これらの悩みを解決する手段の1つが、デジタルコミュニケーションツールの導入です。実際、多くの企業では社内コミュニケーションの課題を解決する方法として、そうしたツールを活用していることから、将来的には医療業界でも当たり前に使われることになるでしょう。

例えば、医師が診察中だったとしてもチャット機能を使えば、メッセージを送信しておくことができます。医師も手が空いたタイミングで目を通し、読んだ旨を返信しておけば、「言った、言わない」の水かけ論で責任をなすり付け合ったり、時間をムダにしたりすることもありません。

また、デジタルコミュニケーションツールの中には、タスク管理できる機能がついているものもあります。それを活用して、チャットで受け取った依頼内容を「いつまでに・何をする」というToDoリストとして管理しておけば、うっかり忘れたという事態を避けることができるでしょう。さらにリスト化したタスクに優先順位をつけることで、業務の効率化にも役立つはずです。

さらにもう1つ、あると便利なコミュニケーション機能として、掲示板が挙げられます。先ほども触れたように、クリニックのスタッフはシフト勤務なので、全体への伝達事項を知らせるのが難しい側面もあるでしょう。そんなときには掲示板を用いることで、出勤のタイミングにかかわらず、全員に間違いなく届けることができるのです。

チームクリニック実現には、デジタルツールが必須

デジタルコミュニケーションには、院内のコミュニケーションを活性化できるという利点もあります。Chapter02で触れたように、医師とスタッフ、スタッフ同士の円滑なコミュニケーションは、クリニック内の雰囲気を良いものにして、スタッフの定着にもプラスへと働きます。

対面だとなかなか言いたいことを言えない人も、チャットなら相談しやすいでしょう。相手の顔色をうかがいながらその場で言葉を選ばなければならないといったプレッシャーがない分、言いたいことを言うハードルは低くなりますし、文章をじっくり吟味することもできます。必要に応じて、スタッフ全員が閲覧できるものと、指定した人しか閲覧できないものに分けておけば、他の人を気遣う必要もありません。スタッフの不満を吸収できていないという開業医の悩みも、チャットであれば打ち明けてもらいやすくなるでしょう。

ただし、スタッフのプライベートな情報や、ときには患者の個人情報も授受することになるので、セキュリティのしっかりしたものを選ぶ必要があります。

その観点では、医療情報を適切に管理するために国が定めたガイドラインである「医療情報を取り扱う情報システム・サービスの提供事業者における安全管理ガイドライン」に基づいてセキュリティ対策がなされたツールかどうかも確認するべきです。

未来のクリニックにおける1つの形としてチームクリニックを実践するとなれば、当然、医師もスタッフも増やすことになります。院長1人とスタッフ10人以下という組織でも、コミュニケーション不足や伝達ミスが発生しているのに、医師複数名、スタッフ10人以上となれば、そのリスクは大きくなるばかりです。仮にアナログな方法を続けていれば、日々の業務が破綻する可能性があることは、容易に想像できます。

チームクリニックの導入によって患者数や管理する予約数が増え、スタッフも増えればシフト管理が複雑になり、人間関係の悩みも複雑化するかもしれません。だからこそ、チームクリニックを実践するには、これらを解決するWEB予約システムやデジタルコミュニケーションツールの存在が欠かせないといえるのです。

そう遠くない未来に、キャッシュレス決済が当たり前になる

ＷＥＢ予約、デジタルコミュニケーションに次いで、検討すべきＤＸがあります。それは、キャッシュレス決済への対応です。現状、ほとんどのクリニックが現金による支払いしか対応できていません。しかし、経済産業省の調べによると、日本におけるキャッシュレス決済の利用比率は堅調に上昇しており、２０１３年には15・３％だったものが、10年で39・３％まで倍以上に伸びています（図23）。

このスピードが今後、ますます速くなっていくことは、身のまわりで起きている変化からも容易に想像できますし、この流れから医療の世界だけが取り残されるということも考えられません。そう遠くない未来に、クリニックでもキャッシュレス決済が当たり前となるはずです。そのとき取り残されないためにも、クリニックでは早めに準備を始めておくべきでしょう。

ほかにも、ＷＥＢ予約をするときにＷＥＢ上で問診まで行えるツールもあります。なかには、問診結果を電カルに自動反映するものも出てきました。電カ

ルをすでに導入済みならば、スタッフの業務負荷軽減、生産性向上を考える上で、WEB問診ツールを検討するのも1つの手です。

このように、医療の世界でもDXを進める便利なツールが次々と開発されています。その中から、まずはWEB予約システムやデジタルコミュニケーションツールなど優先的に導入すべきものを見極めた上で、自院に合ったツールを取り入れることが、魅力あるクリニックへの近道になるはずです。いずれにせよ、チームクリニックを実現するために欠かせないのは間違いありません。

図23▶わが国のキャッシュレス決済額および比率の推移

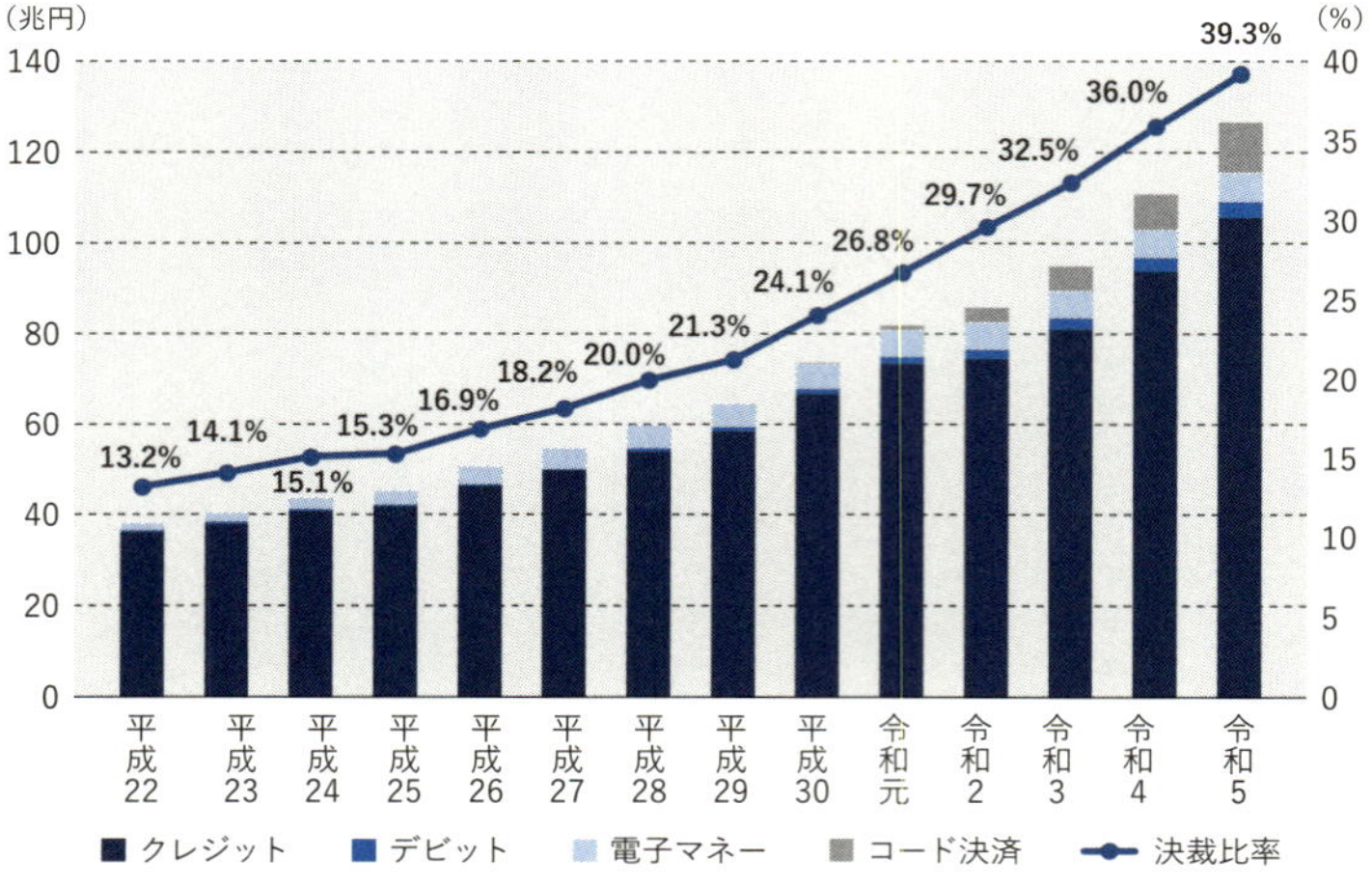

出典：経済産業省「2023年のキャッシュレス決済比率を算出しました」（2024年3月29日）

Chapter 04

チームクリニックへの道～Marketing「情報発信」の最適解を知る

Part.1

白書

患者とクリニックの間には、大きな〝ズレ〟が潜在している

これまで何度も、「患者から〝選ばれるクリニック〟を目指すべきだ」と説明してきました。ただ、患者に選択肢の１つとして自院を認識してもらうためには、何よりもまず認知されなければなりません。

しかし、多くの生活者にとって、クリニックは「なんとなくそこにある」程度の存在としてしか認識されていないのが実情です。

定期的にクリニックへ通っている人は別として、そうでない人がクリニックに行くのは年に数回程度でしょう。新しく街へ引っ越してきた人にいたっては、必要がない限りは、自宅の周りにどんなクリニックがあるかを調べようとも思いません。

日々の生活において、クリニックがあることはわかっていても、それが何科なのかまでは正確に把握していないはずです。クリニックへ行く必要があると

きに、なんとなく思い出して調べてみるという人が大多数でしょう。

そうなると、認知してもらうことが選ばれるクリニックへの第一歩となりますが、開業医にどのような広告メディアを使っているのかアンケート調査を行ったところ、駅看板や野立て看板などのアナログな「屋外広告」が全体の64・1％も占めていることがわかりました（図24）。

1948年に制定された医療法によって、医療機関は広告に関するガイドラインが厳格に規定され、自由に宣伝することができませんでした。そのため、自院を知ってもらう手段が駅看板や野立

図24▶広告出稿メディア状況

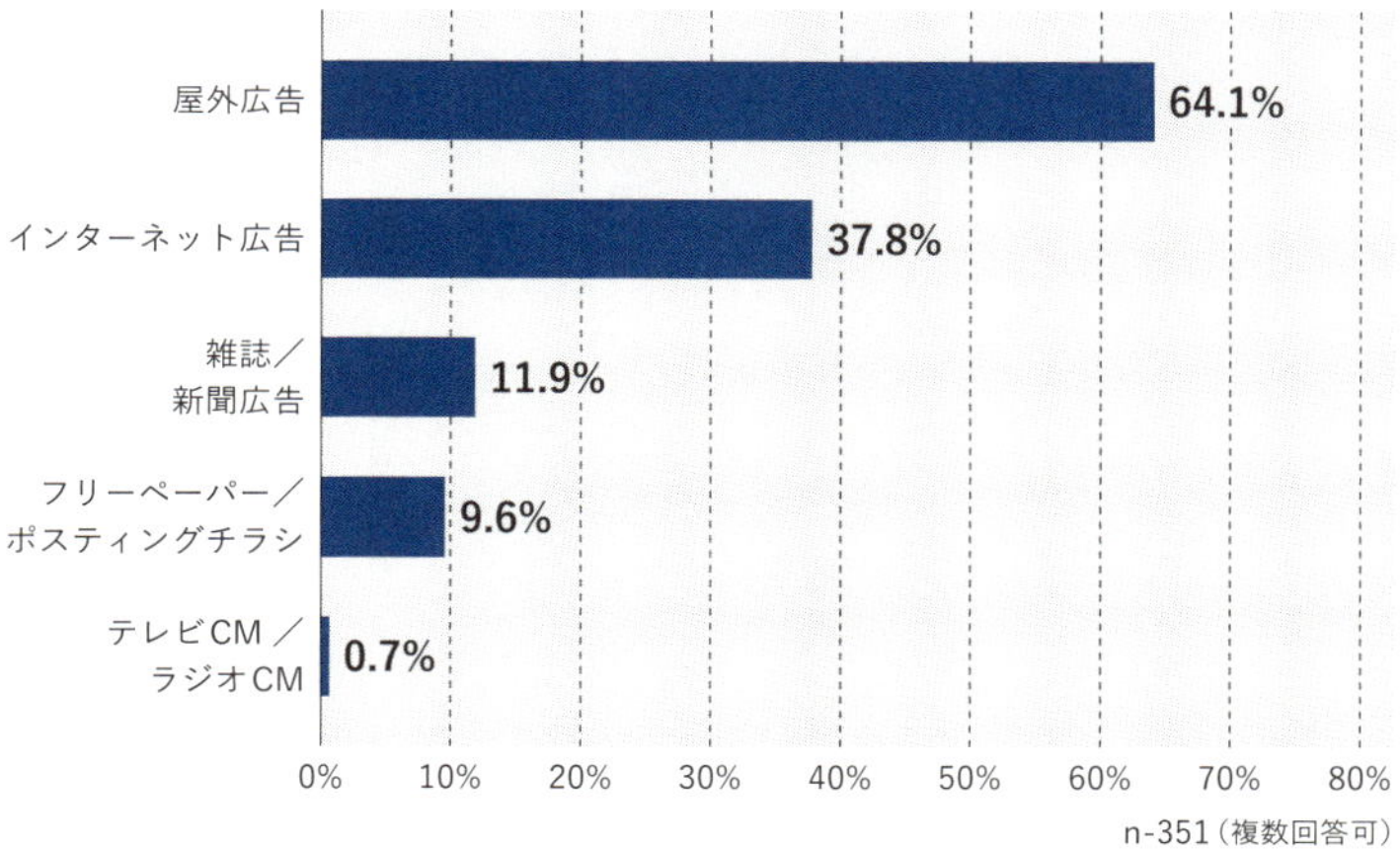

出典：クリニック未来ラボ「開業医白書2023」

て看板くらいしかない時代が長く続きました。その名残が、インターネットが普及した今も色濃く残っているようです。

しかし、時代は変わっています。

自身の日常生活を振り返ってみてください。例えば飲食店を探すとき、真っ先に見るのはスマートフォンやパソコンのはずで、看板を探して歩き回ることはありません。検索窓に地域とジャンルを入力して、その上位に表示されるグルメサイトを閲覧して候補を絞り、そこから各店舗のホームページへ飛んで詳しい情報を入手するでしょう。

店舗のホームページまで見ることもなく、グルメサイトに掲載されている情報だけでお店を決めて、予約まで済ませてしまう人も少なくないと思います。

これはクリニックを探すときも違いはありません。熱が出たから自宅近くの内科を探そうと思ったら、まずスマートフォンで検索します。

駅の看板でクリニックの広告を見かけたような気がしても、その場所や連絡先をメモしておくことなどはほぼないため、結局はネットで検索するしかないのです。

それなのに、インターネット広告を利用している開業医は半数に満たず、わずか37・8％に過ぎないという結果が出てしまいました。

これをさらに年代別で見ると、60代以上ではぐっと利用率が下がり、31・3％にまでなってしまいます（図25）。

このように情報を発信するクリニック側と利用する患者側にある意識のギャップは、利用者側がクリニックを選ぶときの行動心理が時代とともに大きく変容していることを、クリニック側がきちんと理解していないことによって生まれてしまっているのです。

図25▶年代別インターネット広告利用率

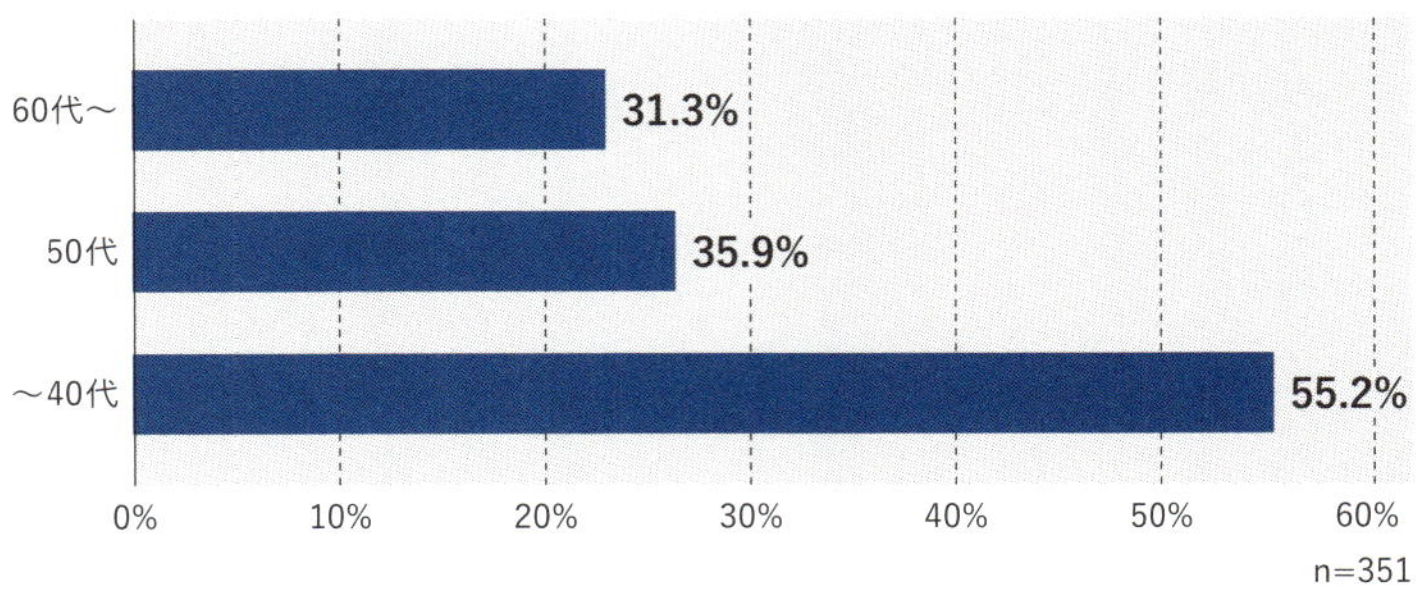

出典：クリニック未来ラボ「開業医白書2023」

7割以上の患者が、ネットを活用してクリニックを選択

患者がクリニック選びをするときの行動心理について、消費者の購買行動を体系化した「パーチェスファネル（購買の漏斗）」理論（図26）に基づいて可視化していきましょう。本来、すべての商品やサービスは「認知」→「興味」→「比較」→「購入」というプロセスを踏みますが、最終着地点である「購入」に至るまでに、離脱する生活者が一定数存在します。この理論は医療においても同様で、まず患者は広告を含む情報を通じてクリニックの存在を知り、興味を持ったら詳細を調べ、他院と比較した上で、最終的に選んで受診することになります。つまり、クリニックを認知している人はたくさんいるけれど、実際に「来院」に至るのはほんの一握りの患者になることを表しています。

しかし、実情は少し違っていて、図27①のように歪な構造になっているのです。それは1948年に制定された「医療法」に基づき、医療に関する情報発信が厳しく制限されていたことに起因しています。クリニックは駅看板や電柱広告などで一部の情報しか発信できなかったため、患者に自院の存在を「認知」させることはできても、「興味」「比較」につながる情報は外に出せなかったの

です。その結果、本来そぎ落とされるべき患者が来院に至り、患者にとってもクリニックにとっても、不幸なミスマッチが起きてきました。患者が期待する診療とのギャップで不満が募れば、悪い口コミが拡散されるリスクもありますし、そもそも患者の理解が得られなければ、治療に悪影響が出る場合もあるでしょう。これでは誰も救われません。

では、今の時代に求められるクリニックと患者の「パーチェスファネル」とはどんなものでしょうか。それが図27②の、新たなパーチェスファネルです。

まず、患者は地域や診療科、病名などで「検索」をします。すると、医療ポータルサイト上に絞り込まれた医療機関

図26▶パーチェスファネル（購買の漏斗）

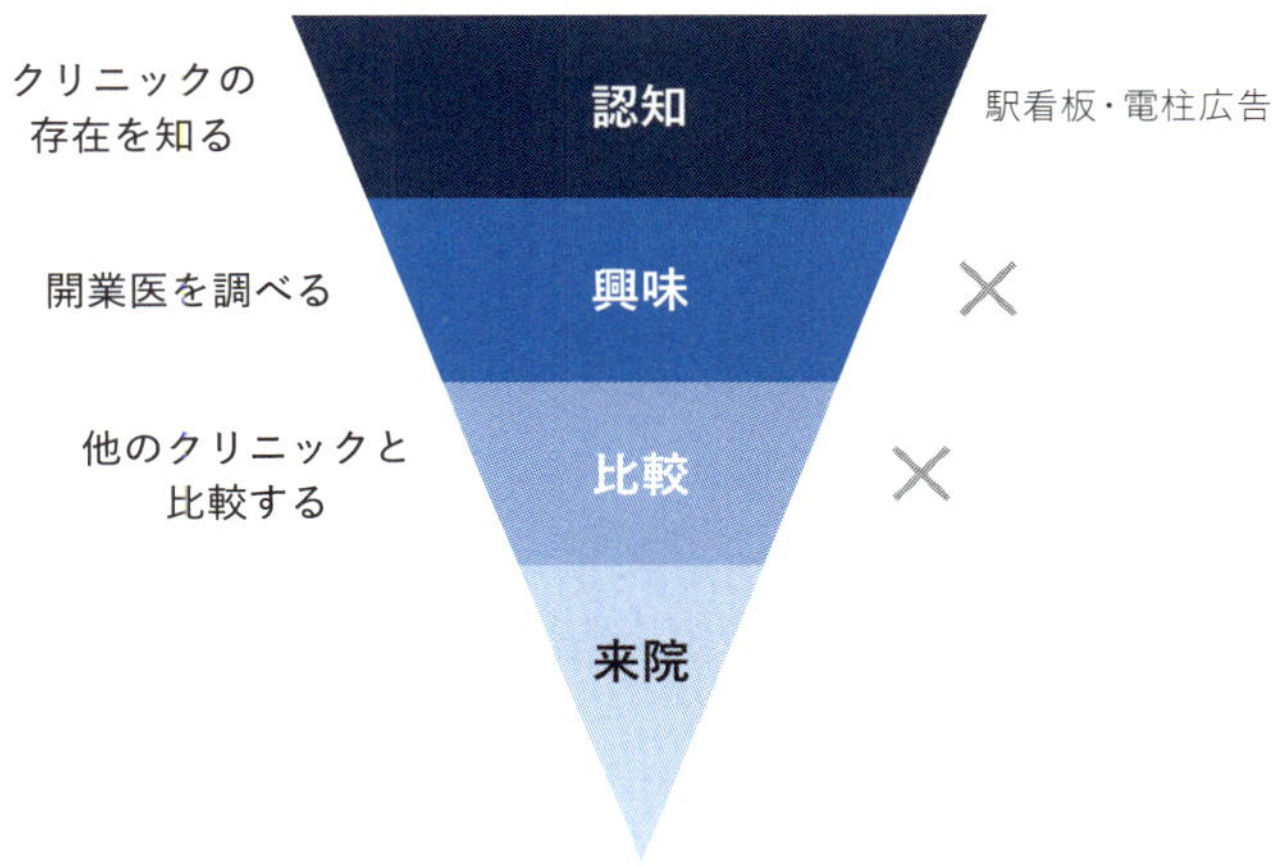

が候補として挙がってくるので、その中で「興味」を持った医療機関の詳しい情報について、「閲覧」と「比較」が同時に行われるわけです。実際、クリニックを探す際、比較検討を行う患者は72％にも及ぶという調査結果も出ています（図28）。そして来院を決めたら、必要に応じてクリニックのホームページで診療時間や休診日などを確認した上で受診をする。この流れをたどることで、歪だった古いパーチェスファネルは本来あるべきシェイプを取り戻すことができるわけです。

とはいえ、開業医の中には「患者がクリニックを選ぶ」というファネルは、クリニックにとってマイナスなのではないかと考える方もいるかもしれません。しかし、インターネットが成熟した今、パーチェスファネル理論はWファネル理論へと進化しています。情報が不足した歪なファネルによるミスマッチが起これば、再来院を望めないばかりか、先に述べたとおり、ネガティブな口コミを拡散されるリスクもゼロではありません。その一方で、Wファネルなら適切にマッチングした後、患者が「継続」して来院するのはもちろん、知人にクリニックを「紹介」したり、SNSで広くプラスの情報を「発信拡散」したりと、さらなる患者の獲得につながる可能性も秘めているのです。

図27▶クリニックのパーチェスファネル

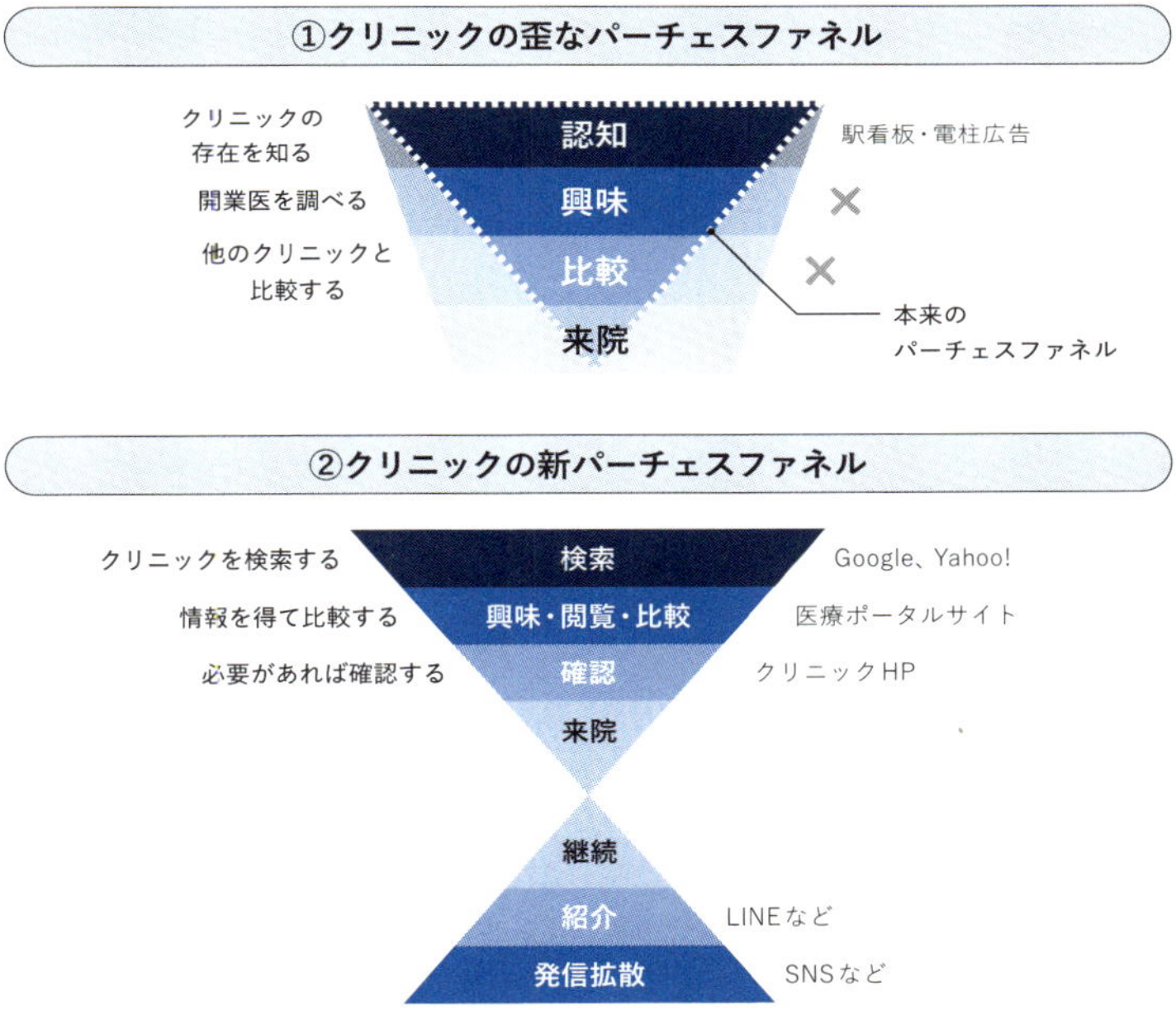

図28▶受診するクリニックを比較して選ぶか

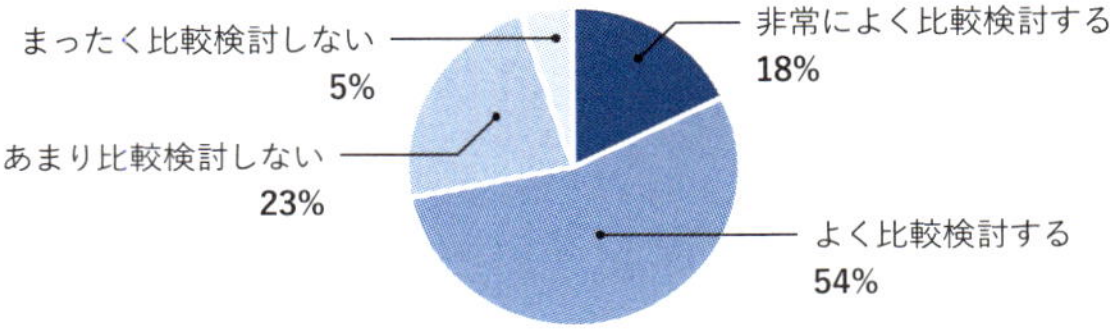

※患者のクリニック選びに関するインターネット調査
（2020年7月実施、対象：全国主要都市の20～50代男女4000人）

出典：ドクターズ・ファイル編集部「患者のココロをつかむ情報発信」

Part.2

課題

患者の〝ほしい情報〟が発信されていないという現実

ネットで情報をとりたいと思っている患者と、ネットでの情報発信に消極的なクリニックという構図が見えてきました。

しかし、これまで対面で情報交換をしていた人たちは、LINEなどのSNS上で〝シェア〟という形のデジタルコミュニケーションに移行しています。ともすれば、そうしたツールと親和性の高いデジタルコンテンツを頼りに情報を探す患者が、今後ますます増えるのは間違いありません。

この先、患者の世代が入れ替わっていけば、対面による情報交換がメインの生活者はどんどん減っていき、デジタルコンテンツを頼りに情報を探す患者がどんどん増えていくのです。

そうした社会の変化に応えていくためには、「情報発信しなくても、地域の人たちの口コミで経営に困らない程度の患者がくる」という現状に満足するのではなく、インターネットやポータルサイトを使って、積極的に情報発信していくことが重要だといえます。

そのことを踏まえて次に考えたいのは、患者がクリニックを取捨選択するにあたって、どのような情報を求めているのかということです。

調査によると、「診療日・診療時間などの時間的な条件」と「家（職場）からの近さなど立地的な条件」が上位を占めました（図29）。これは患者側の視点に立てば、当然のことといえるでしょう。

ここで注目すべきは、「先生に関する情報（診療方針や得意な治療・検査など）」が上位2つと差のない、3位にランクイン

図29▶クリニック選びで重要だと思うポイント

1	**診療日・診療時間などの時間的な条件**	**72.9%**
2	**家（職場）からの近さなど立地的な条件**	**70.8%**
3	**先生に関する情報（診療方針や得意な治療・検査など）**	**65.5%**
4	他の患者からの評価	48.2%
5	施設や設備の状態（新しさ・清潔さなど）	38.7%
6	診察までの待ち時間・混雑状況	38.4%
7	スタッフ（看護師や受付）に関する情報	32.1%
8	予約システムの有無	31.1%
9	感染症対策への取り組み	10.3%
10	その他	0.8%

※患者のクリニック選びに関するインターネット調査（2020年7月実施、対象：全国主要都市の20～50代男女4000人、複数回答可）

出典：ドクターズ・ファイル編集部「患者のココロをつかむ情報発信」

していることです。さらに踏み込んで調べたところ、「得意とする検査・治療内容」や「診療ポリシーや治療方針」、「説明の仕方などコミュニケーションの取り方」を知りたがっていることが見えてきました（図30）。

私たちは、患者のニーズを詳しく理解するため、患者を集めたグループインタビューを行っているのですが、医師が得意とする検査や治療内容について知りたいという声は、そこでも必ず挙がってきます。

どんなクリニックでも、診療科目や診療時間などは情報発信しているものですが、実は患者はもっと先の、どんな治療にどれだけ精通しているのか、どこまで

図30▶「先生に関する情報」で具体的に重視するポイント

1	**得意とする検査・治療内容**	**61.0%**
2	**診療ポリシーや治療方針**	**56.5%**
3	**説明の仕方などコミュニケーションの取り方**	**56.5%**
4	診断が適格	55.1%
5	見た目の雰囲気や表情	43.7%
6	先生の経歴や資格	40.4%
7	薬に対する考え方や説明の仕方	31.9%
8	先生の性別	13.4%
9	その他	0.6%

※患者のクリニック選びに関するインターネット調査（2020年7月実施、対象：全国主要都市の20～50代男女4000人、複数回答可）

出典：ドクターズ・ファイル編集部「患者のココロをつかむ情報発信」

対応してもらえるのかというところまで知りたがっているのです。

これこそがパーチェスファネルの「興味」「比較」に該当する部分ですが、ここまで詳細な情報を発信しているクリニックは、そう多くないのが現状です。

患者の7割が、医師とのコミュニケーションに不満を抱く

「先生に関する情報」で、重視する情報の3位にランクインしている「説明の仕方などコミュニケーションの取り方」に関して、もう少し補足しましょう。

図31で示している通り、患者の約7割が「聞きたいことを聞けなかった」経験があると答えています。患者としては医療の専門知識がないため、「こんなことを聞いては失礼かもしれない」「口うるさい患者と思われたくない」といった心理が働き、気になることがあっても聞く勇気を持てない、というケースがままあるようです。

もちろん、医師には医師なりの意見があるでしょう。患者1人にかけられる時間が限られている中で、医療に関する専門的な話を丁寧に説明するのは困難なはずです。しかしその結果、短い説明で済ませてしまい、患者に不信感を与

えてしまう……。そうした現実がアンケート結果に表れているといえます。

患者は、医師の考えがわからないから、不安を感じるもの。両者のすれ違いを解決するには、医師自らがコミュニケーションの取り方を工夫したり、診療姿勢について情報発信をしたりすることが不可欠です。

しかし現実には、患者が欲している情報を多くのクリニックが発信できていないということが、調査結果からよくわかります。


図31▶「患者」が感じている「開業医」とのコミュニケーションストレス

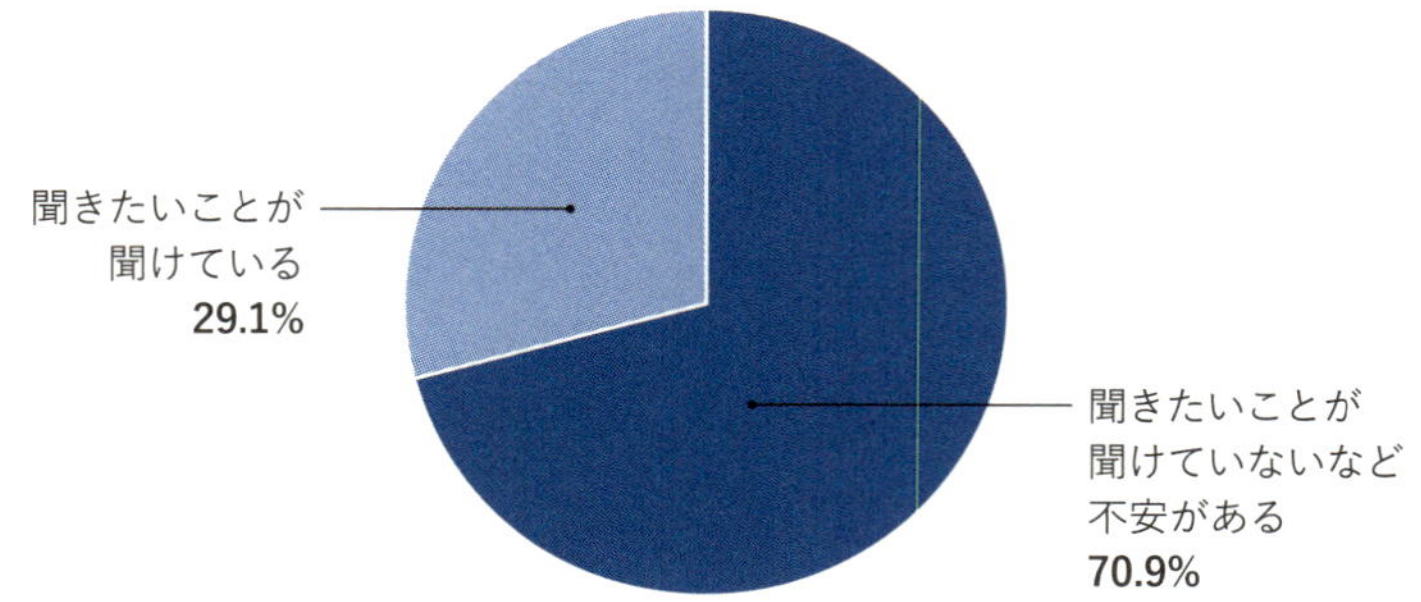

n=4000

出典：クリニック未来ラボ「開業医白書2023」

Part.3

解決法

溝を埋める情報発信で、最適なマッチングを実現する

クリニックの情報発信における課題について見ていくと、患者がクリニックを選ぶためにどれほど情報を検索しても、必要な情報が手に入りにくいという現状がわかりました。

裏を返せば、患者が欲する情報を、患者が日頃から情報収集に使っているメディアを通して発信することで、解消できるともいえます。こうした話を聞いた開業医の中には、「集患」という言葉を思い浮かべる人もいるでしょう。しかし本書では、あえて「集患」の方法を深く掘り下げるつもりはありません。

なぜなら「集患」という表現は、「患者を集める確立された手法」があるような誤解を、開業医に与えかねないからです。

長い時間軸で考えたとき、1つのクリニックが他のクリニックの患者を根こそぎ奪うような事態は起きないと、私たちは考えています。地域に複数あるク

リニックの中で1カ所に患者が集中し、他は経営が成り立たなくなるという話はほとんど聞いたことがありません。

逆に開業から一定の時間が経過すれば、新規開業したクリニックも含めて、地域の患者はある程度、再分配されていきます。

その理由として、クリニックが提供するサービスは非常に同質性が高いことが挙げられます。問診して検査を行い、診断を下して薬を処方する――どのクリニックでも、この流れが大きく変わることはありません。保険診療である限り料金は統一され、低価格を売りにしたメニューもない。医療はすべての人へ均一に提供されるべきものという考えのもとに制度が整えられている日本では、画期的な診察や手軽な診察料といったものは存在しません。

そのため、長期的に見れば患者は自然と分散していき、どのクリニックもそれなりに患者がくるという状況が生まれやすいといえます。

多くの開業医と接してきた経験からいっても、10年、20年と長くクリニックを経営してきた開業医の多くは「集患」をそれほど意識していません。なかには、これ以上患者が増えると現状のスタッフ数では対応しきれず、忙しさが募ればスタッフの退職リスクにもつながるため、現状維持を望んでいる開業医もいるほどです。

一方で開業間もないクリニックの場合、経営を早く軌道に乗せたいという思いから「集患」の手法を模索する開業医も多いと思います。しかし、クリニックに患者を集めるための、確立された手法は存在しません。できることは新しいクリニックの存在や医師の経歴、クリニックの理念を地域に知ってもらうための情報発信を、ホームページや医療ポータルサイトを中心に積極的に行い、地域の患者が適切に分配される時間を短くすることです。

つまり方法によっては、「来院してもらうまでの時間を買う」ことはできると私たちは考えています。

情報発信は「集患」目的ではなく、良いマッチングのためである

では、なんのために患者のニーズを理解し、情報を発信する必要があるのか。それはクリニック、ひいては開業医の思いと患者ニーズの〝マッチング〟精度

を高めるためです。
開業医はなぜ開業の道を選んだのか、これから開業しようという医師は、なぜ開業しようと思ったのかを考えてみてください。

もっとも大きな理由は、図32にあるように、仕事を通じた「やりがい」ではないでしょうか。やりがいとは、前向きな気持ちで取り組むことで感じられるもの。そして、気持ちが前向きになりやすいのは、自分がやりたいことに全力で取り組めているときです。しかし勤務医である限りは、勤務先の方針に従わなければなりません。

自分が志している医療の形があるのに、

図32▶開業の動機

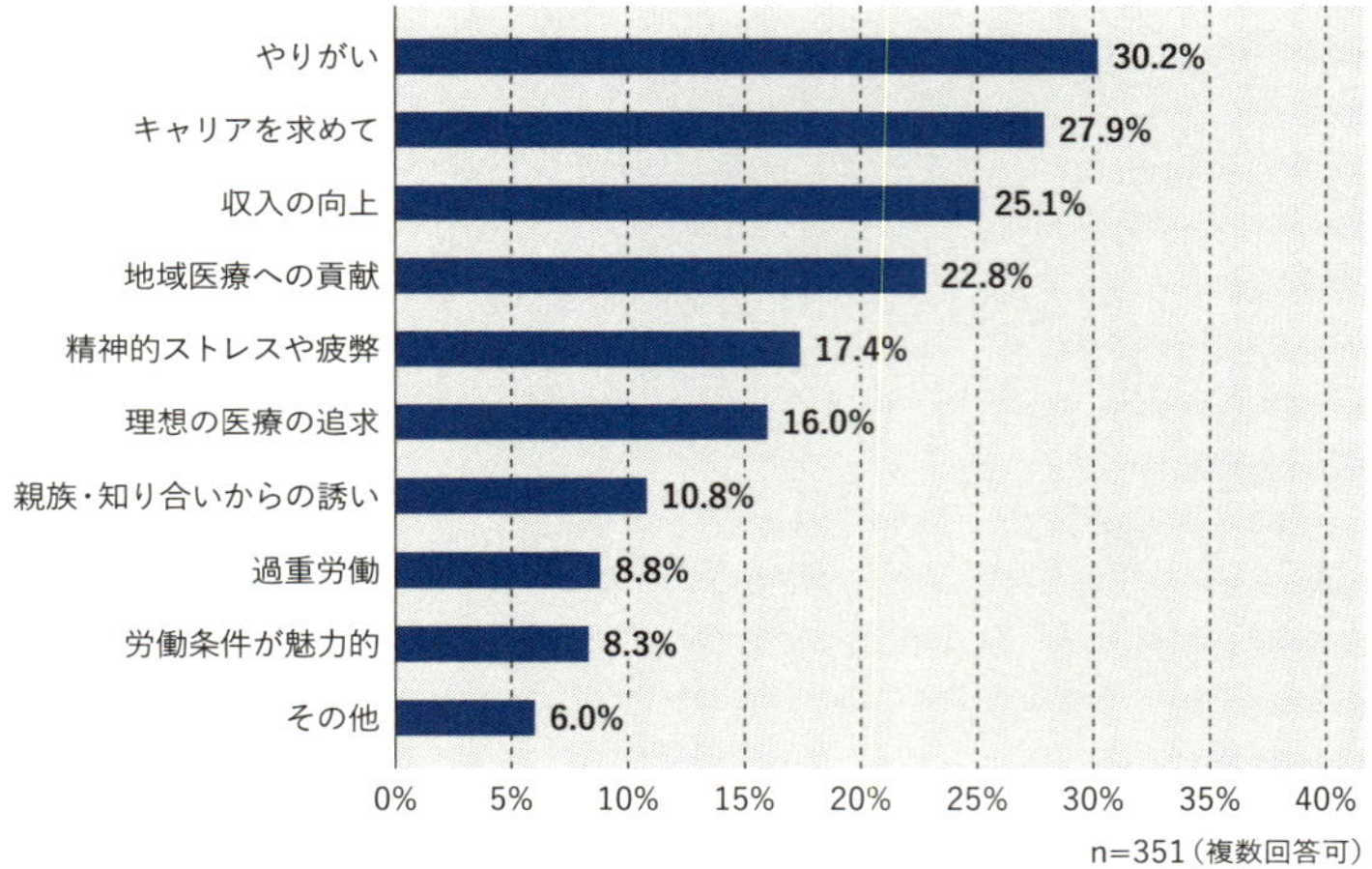

出典：クリニック未来ラボ「開業医白書2023」

病院の方針を優先しなければならず、苦い思いをした医師も少なくないはずです。患者から感謝されたときはうれしさややりがいを実感できるものの、自分に裁量があれば患者にもっと寄り添えるのにと、もどかしさを感じたこともあるかもしれません。

開業の動機に「地域医療への貢献」や「理想の医療の追求」がランクインしているのも、勤務医のままではそれができなかったという悔しさの裏返しと考えられます。事実、開業したことで得られたもっとも大きな満足感は、「裁量・自由度の大きさ」だという調査結果が出ています(図33)。

ただ、医師がどれだけ強い志を持って

図33▶開業満足ポイント

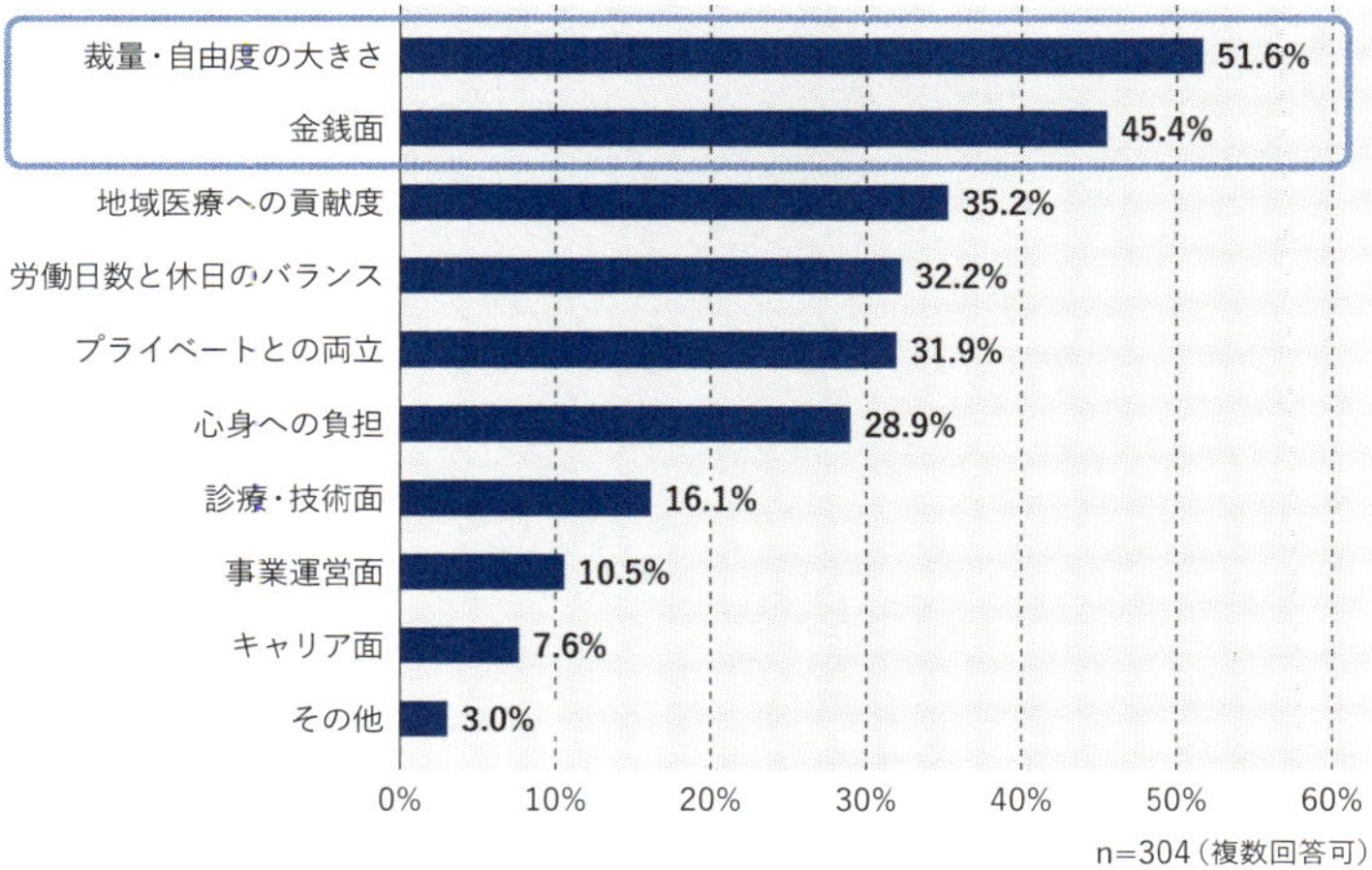

n=304（複数回答可）

出典：クリニック未来ラボ「開業医白書2023」

いたとしても、それを外に向けて発信し、そこに共感して必要としてくれる患者に届かなければ、クリニックに足を運んではもらえません。患者とマッチしないことには、いつまで経っても医師の理想とするクリニックに近づいていかないというわけです。

例えば開業から10年後、新たな検査法に挑戦しようと機器を導入してみても、そのことが対外的に伝わっていなければ、その検査を必要とする患者がくることはないでしょう。

逆に、自分の目指す医療を上手に発信することで、しっかりと理想の実現につなげているクリニックの例もあります。長らく離島で医療に取り組んでいた医師が開業したあるクリニックは、医師1人、受付1人だけしかいませんでした。居抜きで始めたためクリニック内には、あまり検査機器がなくガランとしていて、何も知らずに来院した患者は少し不安を覚えるような内装です。

しかし、その先生は診療方針がはっきりしていて、過度な検査や治療はせず、薬の処方も必要最低限しか出しません。そのことをしっかりと発信しているため、訪れる患者もそれを「良し」とする人たちです。子どもを連れてくる親からは、「やたらと薬を出されるよりも、必要なときに必要な分だけ出してくれるほうが安心する」と人気が高いそうです。

このように、開業医が自分のやりたい医療、クリニックのありたい姿を発信していくことで、そこに共感する患者が集まってくる――それこそが、マッチングを重視した情報発信なのです。

自院に共感してくれている患者とは、情報を提供してもらいやすい関係性を築くことができ、患者への理解も深まるでしょう。患者がどんな生活を送っているか、趣味は何か、悩みは何かなどが見えてくると、治療にあたっての判断材料が増え、より患者に寄り添った診断、治療を行えるようになるはずです。

説得力ある情報には、客観性が重要

情報発信の手段として、真っ先に思いつくのはホームページです。自分たちでつくるので、どんな情報を掲載するかコントロールしやすいというメリットがありますし、最近は手軽に作成できるツールもあります。

しかし、ホームページがあれば情報発信は十分だという考えは、安易すぎるといわざるを得ません。

インターネットやSNSが日常生活の一部としてすっかり定着してから、それなりの年月が経ちました。その間、私たちは膨大な情報に日々さらされていて、人によって濃淡はあるものの、その情報を意識的、あるいは無意識的に取捨選択しています。

その際、誰もが気にするのは「この情報は本当か?」という点です。

例えば、飲食店を探しているとき、メニューや料理の写真などはホームページで確認できても、おいしいかどうかはグルメサイトなどの口コミを見て判断する人が多いでしょう。仮に、そのお店のシェフや関係者が「おいしいですよ」といっても、それを鵜呑みにはしないはずです。なぜなら、当事者がポジティブな意見を持っているのは当たり前だから。お店とは関係のない第三者のコメントこそ、信ぴょう性があると考えるのは自然なことです。

近年、生活者は膨大な情報から必要なものだけを選び出さなければならない環境に長く置かれてきたため、自然と信ぴょう性を確認する情報の選び方が身に付いており、情報に対して用心深くなっています。

しかも、医療となれば健康や命に関わる情報ですから、飲食店を探すときよりもさらに厳しい目が向けられることになるでしょう。自院のホームページだけで情報発信をしても、そこに掲載された主観的な情報だけでは、患者は信じていいのか迷ってしまうため、訴求力という点で十分とはいえません。

口コミに潜んでいる、思いがけない危険とは……

情報の客観性を担保するものに口コミがありますが、それを悪用するケースが出てきています。

少し前に、口コミで利益を侵害されたと、医師らがあるＩＴ企業を集団提訴したというニュースがありました。まだ記憶に新しい方もいるでしょう。表示される「口コミ」に不当な内容が投稿されても、それを削除してもらえずに利益を侵害されたというのが医師たちの主張です。

このニュースは、多くの開業医にとって他人事ではありません。私たちがこの口コミに関するアンケート調査を開業医に実施したところ、２０００を超える回答が返ってきました。この状況だけでも、開業医の関心の高さがうかがえます。しかも、その回答内容は驚くべきものでした。自院について口コミで誹謗中傷された経験があると答えた開業医が、なんと79・5％もいたのです。

その中には運営会社へ削除依頼を送ったけれど、なんの返事もこなかったという人もいました。図34のデータを見てもわかるように、口コミによって「患者から不安の声が上がった」だけでなく、「患者が減った」ところもあれば、「採用活動に支障が出た」など、実害を受けたと訴えているクリニックも少なくありません。

最近は、悪意ある口コミを利用して金銭を要求する業者もいるそうです。「お金を払ってもらえれば、口コミを削除しますよ」と電話してくる手口ですが、削除できるのは基本的にサイト運営者か書き込んだ本人だけなので、このような電話をかけてきた人、もしくはその仲間が

図34▶書き込まれた口コミによる影響

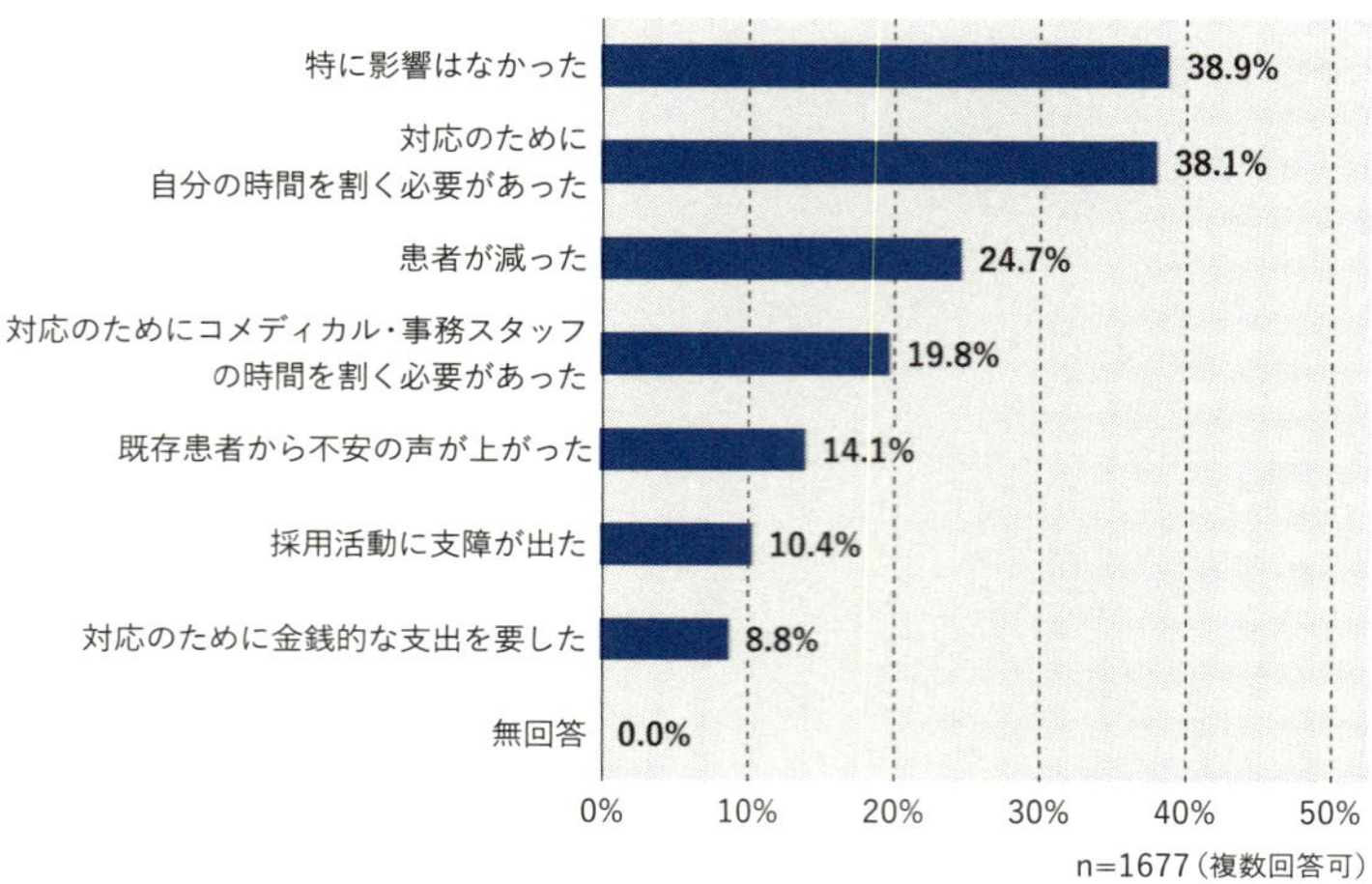

出典：ドクターズ・ファイル編集部「Google口コミに関する調査」

口コミを書き込んだのではないかと疑いたくなります。しかし、書き込まれたクリニック側としては対処方法がわからず頭を抱えているため、そのまま騙されてしまうというケースがあることも、アンケート結果から見えてきました。

患者が体験したことを誇張なく書き込んでいるのであれば、クリニック側も改善点を見出せるというメリットがあるでしょう。しかし、このように口コミ機能を悪用されるケースもあり、必ずしも正しい情報とは限りません。一方で、口コミの危険性に関しては患者も十分に理解し始めており、患者は客観性があるからといって、口コミを盲目的に信じているわけではないのです。

公平な第三者から取材によって発信されることがポイント

結局のところ、客観性や信ぴょう性を担保できる情報発信の方法として、何が良いのでしょうか。それは、中立的な立場で自院の理念や考え、医師の人柄、職場環境などを紹介する、明確な編集方針を持ったメディアを利用するというのが、1つの答えです。

もっともわかりやすい例でいえば、新聞でしょう。新聞は、明確な編集方針としっかりとした取材に基づいて、記事がつくられています。一般的に中立な情報と受け取られるでしょう。ほかにも、ニュースサイトや医療情報メディアが挙げられます。1つのコンテンツとしてクリニックを取材し、その情報を記事として提供している場合、そのサイトやメディアの信頼を守るためにも、内容の信ぴょう性は吟味されます。記事を読んでクリニックを訪れた人が記載内容と違うと感じてしまえば、二度とそのニュースサイトやメディアを利用しようとは思わないでしょう。だからこそ、ポータルサイトの運営者は記事の客観性や信ぴょう性、信頼性に、非常に気を遣っているはずです。

また、記事のクオリティも重視すべきポイントだといえます。すべての医師が、自分の考えを上手に言葉で伝えられるわけではないので、そのような医師から真意を聞き出し、内容を噛みくだいて正しく・わかりやすく発信するには、医師への取材経験が豊富で、業界をよく理解していることが肝要です。

このように「なんの情報を」「どのような方法によって」発信するかを吟味していくことが、患者とのマッチングを重視した情報発信においては非常に重要であり、ネット隆盛の時代において〝患者から選ばれるクリニック〟を目指す上で、絶対に手を抜くことのできないポイントだと私たちは考えています。

Chapter 05

チームクリニックの先へ ～Style
開業医の「働き方改革」

Part.1

白書

〝短い睡眠〟に〝長い労働〟。その過酷さは必然ではない

医師というと、過酷な労働環境をイメージする人は少なくありません。ただ、その大半は病院で働く勤務医のことだと思っているのではないでしょうか。そこで「開業医白書」では、開業医の労働実態を把握するためにアンケート調査を実施しました。その結果、見えてきた開業医の労働時間が図35です。

1日の平均労働時間が10時間を超えていると答えた開業医は全体の25・6%、4人に1人という高い割合を示しています。労働基準法によって「1日8時間・週40時間」と定められている労働時間の上限を、4人のうち3人が超えていることもわかりました。開業医は同時に経営者であることがほとんどですから、残業代も出ません。では、どのくらい休日を確保できているのかというと、図36のデータで明らかなように、週2日未満という人が77・8%を占めているのです。平均睡眠時間についても、日本人の平均を下回る6時間38分だという結果も出ています（図37）。

図35▶1日の平均労働時間

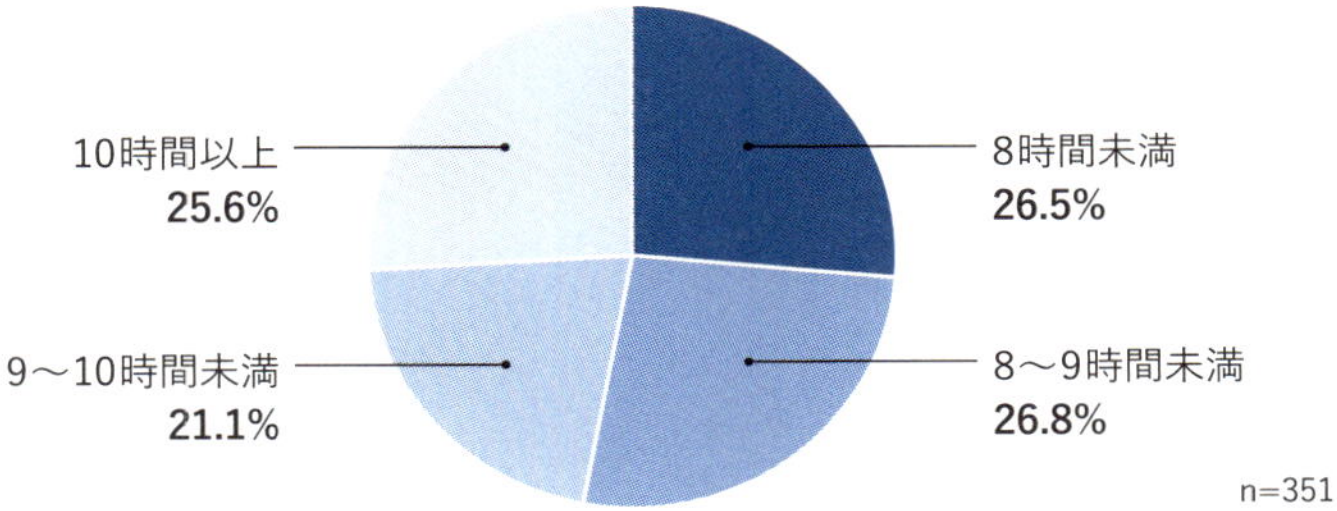

出典：クリニック未来ラボ「開業医白書2023」

図36▶1週間の中での休日日数

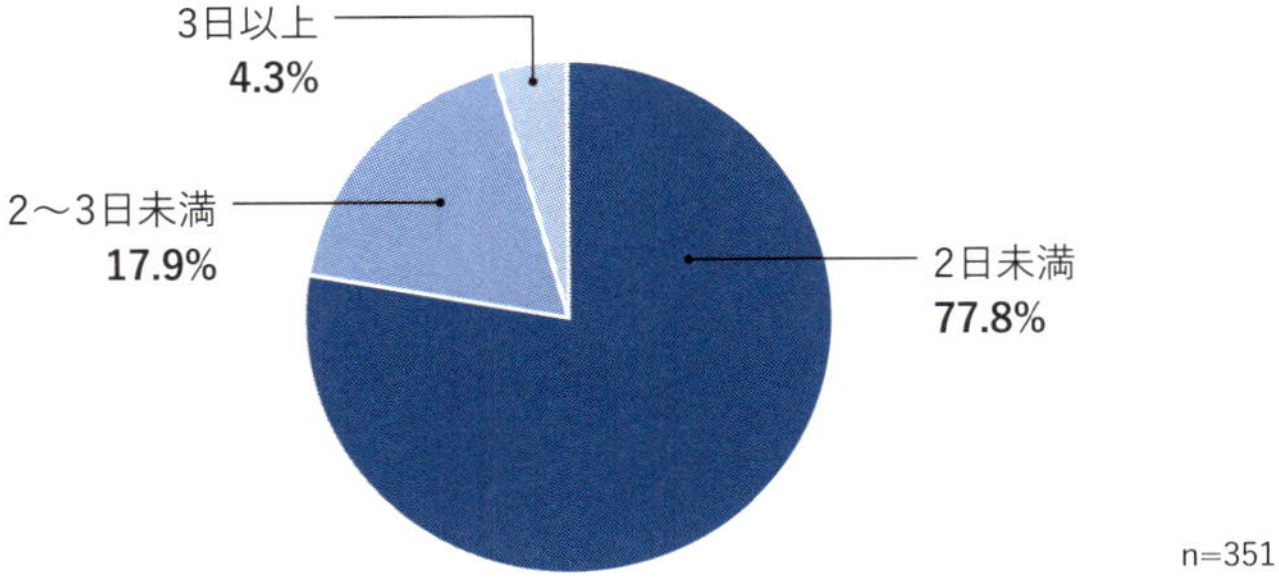

出典：クリニック未来ラボ「開業医白書2023」

図37▶1日の平均睡眠時間

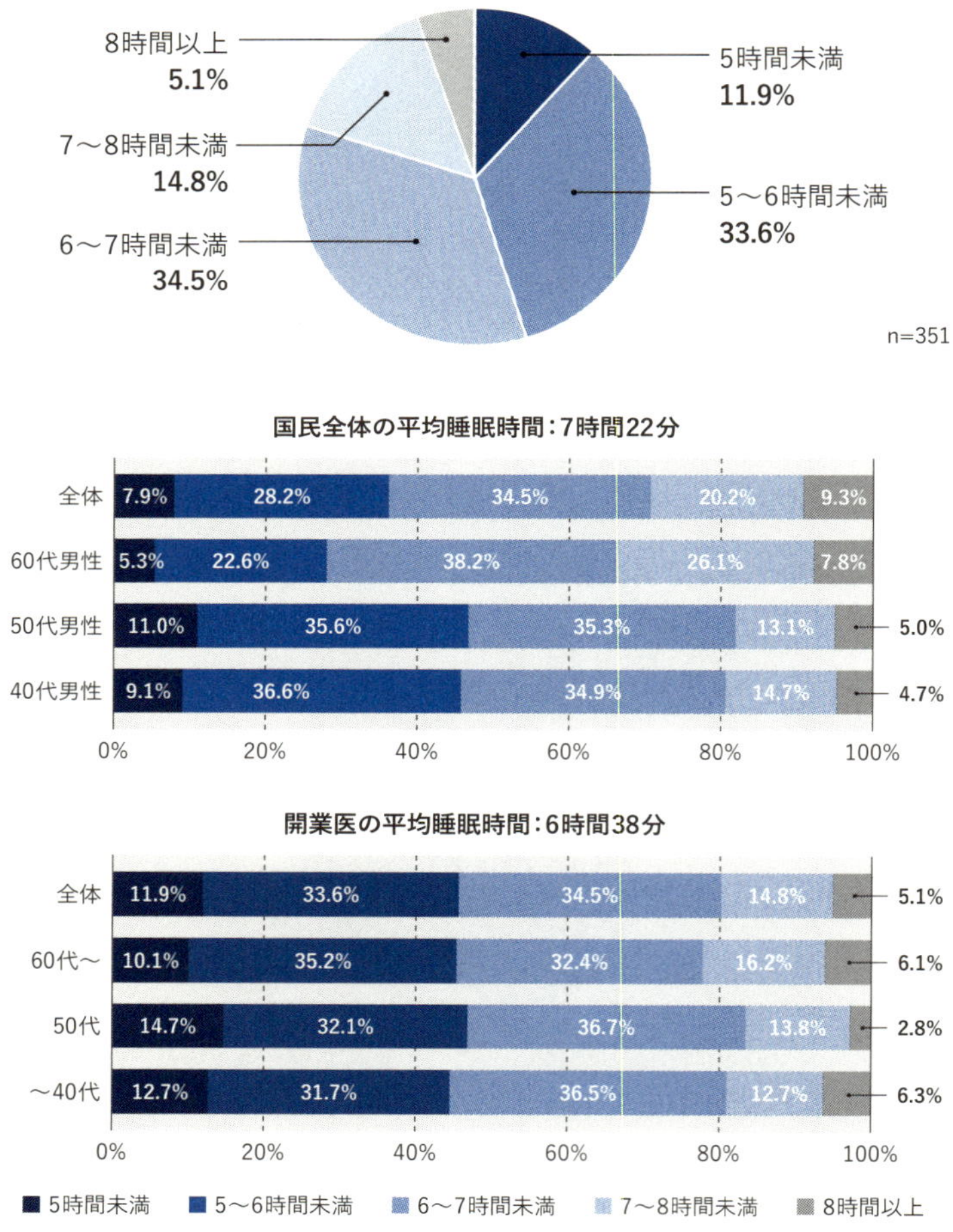

出典：クリニック未来ラボ「開業医白書2023」、厚生労働省e健康づくりネット「解説書：良い目覚めは良い眠りから知っているようで知らない睡眠のこと2023年3月版」、厚生労働省「平成30年国民健康・栄養調査報告」

加えて念頭に置いておきたいのは、開業医がこのアンケートに答える際、どこまでを業務と判断していたのかは定かではないということです。経営者でもある開業医は、診察以外の業務を多くこなさなければなりません。経営状況をモニタリングして今後の方針を考えたり、医療事務スタッフを雇わない限り、経理関連業務や診療報酬の処理、金融機関対応なども自ら行ったりするでしょう。スタッフの採用や育成、労務関係なども含めれば、きりがないくらいです。

さらに医師会へ加入していると、健診や予防接種、がん検診、産業医活動などの事業に参加することもあるでしょう。そのこと自体は診療以外の収入源になるのでありがたいと感じる開業医もいるかもしれませんが、それを日々の業務としてカウントしているでしょうか。また、医師会に加入することで市民向けの公開講座などを頼まれることもあり、そういった仕事をクリニックの休診日に行っている開業医も少なくないと思います。

休診日でも、院長だけクリニックで事務作業を処理しているという話はよく耳にします。地域に診療所が他にない場合は、365日フル稼働しているケースもあるくらいです。こういった実情を鑑みれば、開業医の労働環境は、調査結果に表れている数字よりも、より深刻な可能性が高いと考えられます。

Part.2

課題

独りで24時間365日患者に向き合うことは不可能

医師の長時間労働や、それにともなう心身への負担は以前から問題視されてきました。2019年3月には、厚生労働省が「医師の働き方改革に関する検討会」の報告書をとりまとめています。その中で、「勤務医の時間外労働の上限を設定し、2024年までに計画的に労働時間短縮の実現をめざす」こと、いわゆる「医師の働き方改革」がうたわれているのです。厚生労働省が勤務医の働き方について具体的な方策を示したことは大きな一歩といえますが、開業医に関しては、今のところその方策の対象外となっています。

しかし、「開業医白書」の調査結果にもある通り、その労働実態は決して軽視できる状況ではありません。データは少し古いものになってしまいますが、2018年10月に神奈川県保険医協会が会員の開業医3364人を対象に実施した『開業医の働き方』調査（有効回答数690件）によると、時間外労働も合わせて一週間に「50時間以上60時間未満」働いている開業医は17・2％、「60時間以上」働いている人は25・2％もいることがわかりました。なかには、101時間以上と答えた開業医が8％もいたことにも驚かされます（図38）。

週の労働時間が60時間を超えるのは、労働基準法で定められた週40時間から20時間以上、1カ月にすると80時間超の残業をしていることと同義です。その状態が何カ月も続く場合、「過労死ライン」にあたります。その割合が全体の4分の1に達するというのは、早急に改善しなければならない課題といえるでしょう。

これだけ忙しければ、自分の健康に気を遣う暇もないはずです。同調査では、直近1年間で健康診断を受けていない人が27・1％もいるという結果も出ていま

図38▶開業医の1週間の総労働時間合計

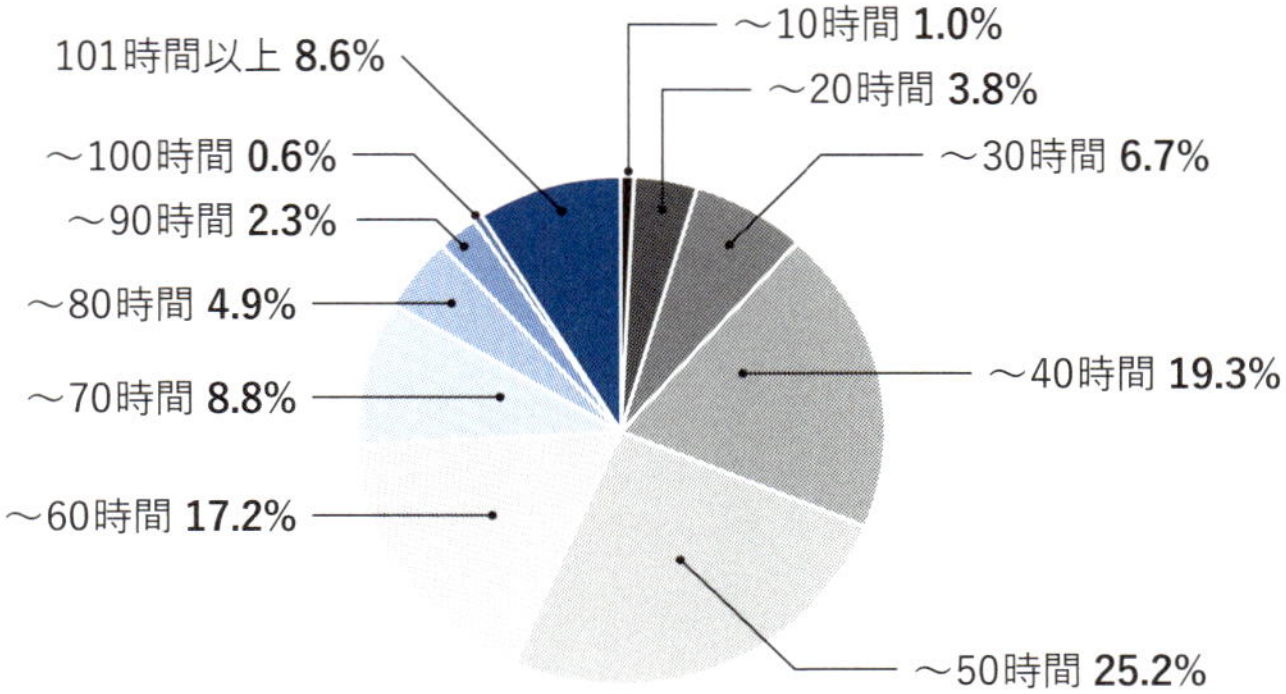

n=690

出典：神奈川県保険医協会「『開業医の働き方』調査」

す。サラリーマンの場合、会社から健診を受けるよう催促されることもあって大部分の人が毎年、健診をきちんと受けているはずです。それに比べて、開業医の健診状況はあまりにも低く、「医者の不養生」とはまさにこのことです。

過重労働とストレスで、疲弊する開業医の現実

では、開業医自身はこうした状況をどのように捉えているのでしょうか。神奈川県保険医協会「『開業医の働き方』調査」によれば、過半数の開業医が「過重労働」であると答えています。当然、精神的なストレスも高く、同様に半数以上が強いストレスを感じていると回答しているのです（図39）。

ここで、調査に回答した開業医の声をいくつか紹介します。

「食事、睡眠以外、毎日9～22時まで働いていて、ほとんど自分のための時間はありません。平日の休診日は銀行、労務、経理をして終わります。休日診のない日、祭日は家のことをして終わります」

「個別指導対策で、日々のカルテとレセプトのチェックにかなりの時間が取れてしまうので、慢性的な疲労と慢性的な寝不足が続いている」

図39▶開業医の労働時間と精神的ストレス

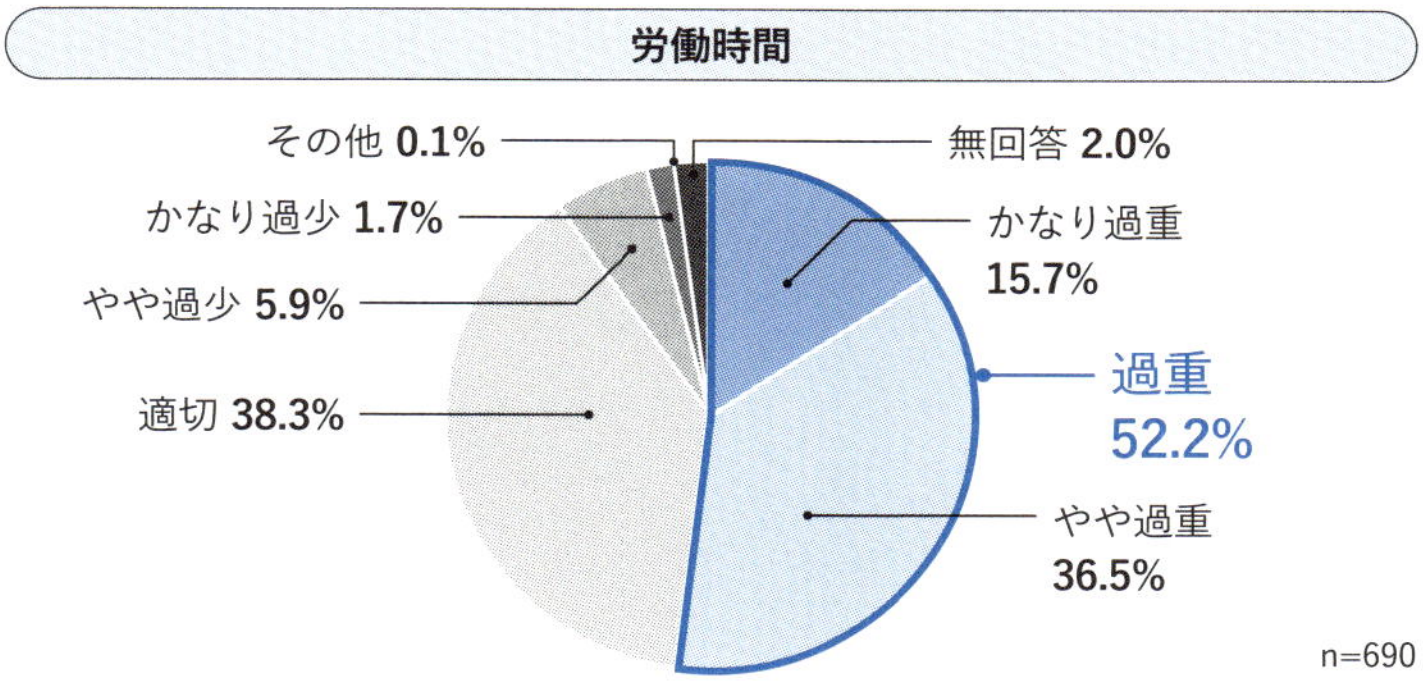

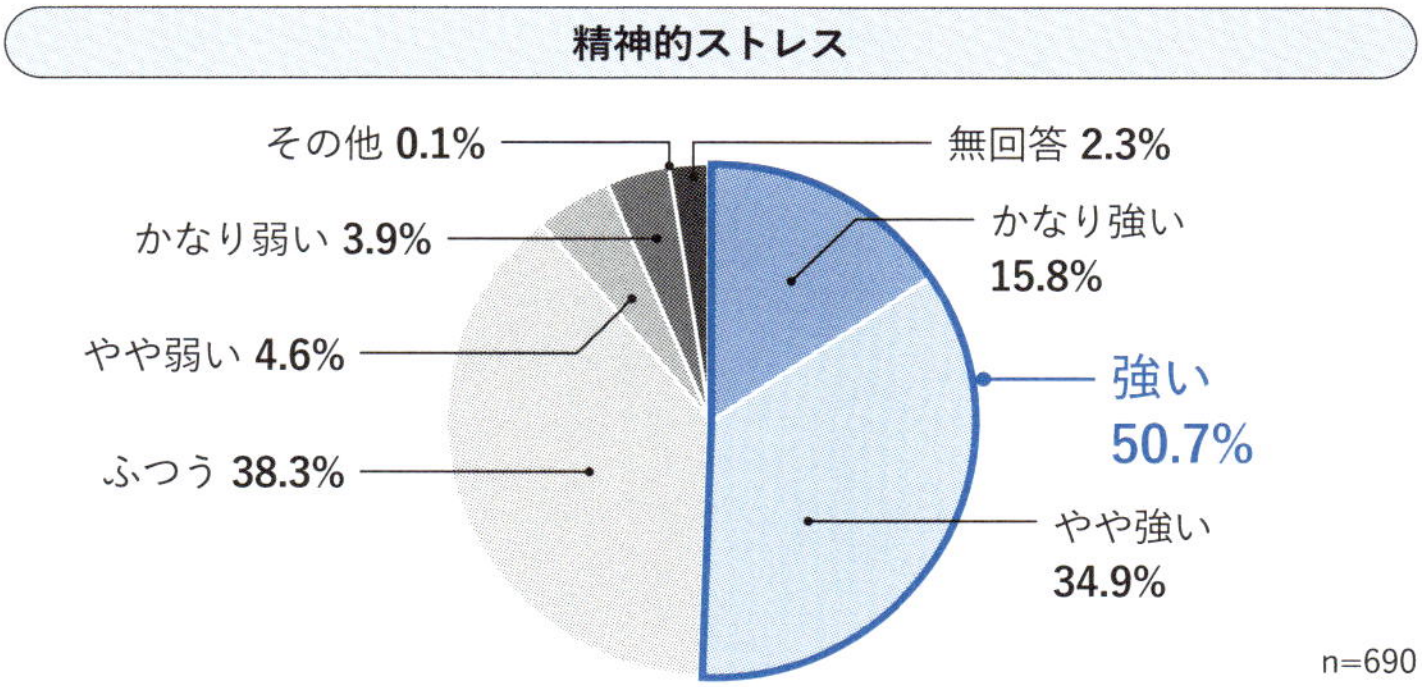

出典：神奈川県保険医協会「『開業医の働き方』調査」

「訪問診療を行っているため、24時間365日オンコールとなっている。あまり遠くへ出ることができないのはストレスです」

「標榜時間外に他院での診療、日当直を頼まれるので、(どこも医師不足で)断れず、結局休めない。2日以上のまとまった休みは2年以上とれていない。勤務医のほうが休めました」

どのコメントからも、開業医の厳しい労働環境がうかがえます。


ただ、これだけ忙しくても97・4%の人が自己研鑽を怠っていないというのですから、頭が下がります(図40)。しかも、専門領域にとどまらず、専門領域以外に関する学習や情報収集を行っている人が都市部で41・2%、地方では38・7%もいました。

学会への参加や人脈づくりなど、機会が限られるものに関しては地方と都市部で大きく差が出ますが、セミナーへの参加などそれ以外の項目では都市部も地方も大差なく取り組んでいることが見えてきます。

厳しい労働環境にありながら、これほど意識高く医療と向き合えるのは、やはり、医師としての高い志を持つ人が多いからでしょう。

図40▶開業医の自己研鑽

自己研鑽しているか

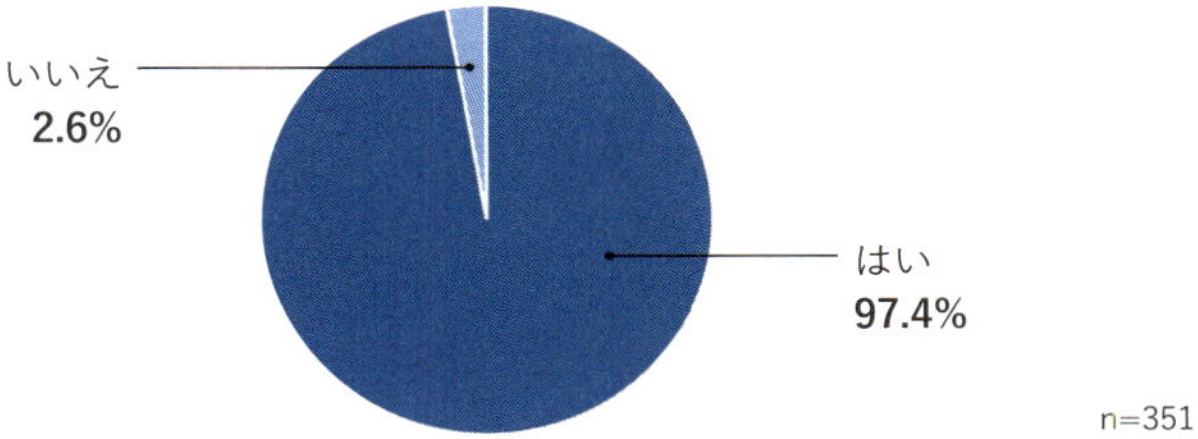

どんな自己研鑽か（都市部／地方比較）

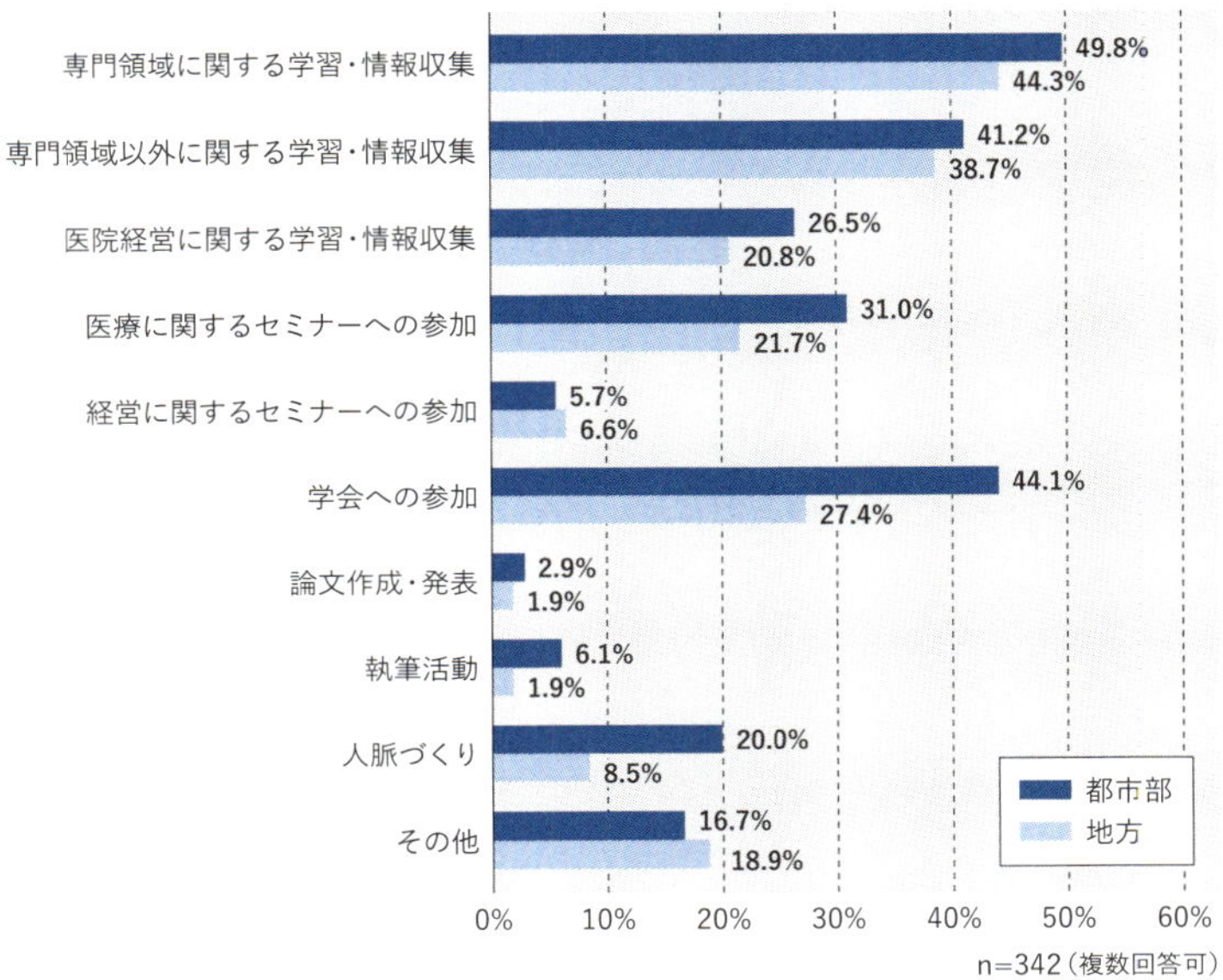

出典：クリニック未来ラボ「開業医白書2023」

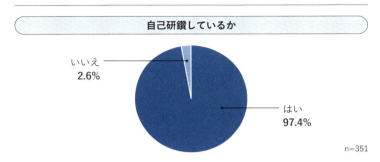

「労働時間はかなり長いものの、やりがいが大きい仕事ですのであまり苦とは感じていません」

「診療所へ行かなくてもよい日は1カ月に1〜2日。委員会や読影、研究会の世話人としての運営や自身の研修で真っすぐ帰れるのは週に1〜2回。それから勉強。我ながら仕事中毒と思うが、好きな仕事なので毎日楽しい」

「自院勤務以外の仕事、活動が多いと感じるが、開業医がやるべきものと心得ている」

こうしたコメントにも表れているように、多くの開業医が仕事の過酷さを感じつつも使命感に支えられて、なんとか現状を乗り切っていることがわかります。本当に感服しますが、一方で、これは非常に危うい状況だといわざるを得ません。実際の数字として、仕事にやりがいを感じている開業医は75％にも達しています(図41)。

また、働き方改革とは「働く人たちが、個々の事情に応じた多様で柔軟な働き方を、自分で選択できるようにする」ための改革です。その対象はクリニックでいえば医師に限らず、看護師などのスタッフも含まれるでしょう。

医師が1人でクリニックの経営からすべての業務をこなし、すべての患者としっかり向き合うことなど、時間的にも体力的にも困難です。そこにはスタッフのサポートが欠かせません。しかし、スタッフが疲弊してやる気を失っていたり、非効率な働き方しかできていなかったりすれば、クリニック全体の働き方改革など夢のまた夢でしかないでしょう。

しかし、「働き方改革の実現といっても具体的に何をすればいいのか解決法が見つからない」という開業医がかなり多いようです。

そこで、私たちが考える解決策を、次のパートで紹介していきます。

図41▶開業当初と比べて、または直近5年間で「仕事のやりがい」は変わったか

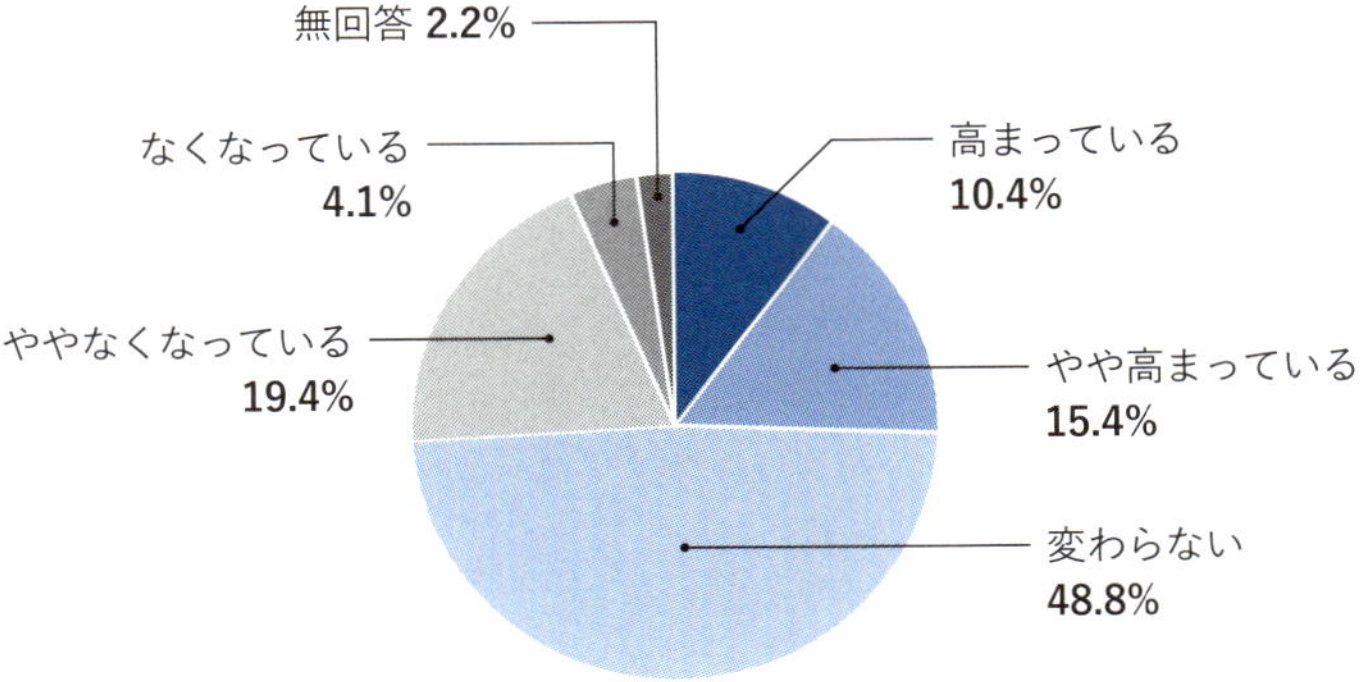

n=690

出典：神奈川県保険医協会「『開業医の働き方』調査」

Part.3

未来

価値観をアップデートし、効果的な「非常勤」を取り入れる

クリニックにおける「働き方改革」をいかに実現するかについて解説する前に、「働き方改革」が実現すれば、どのようなメリットを享受できるのかを記しておきたいと思います。そこが明確になっていたほうが、取り組むモチベーションもわいてくるはずだからです。

まず、長時間労働から解放されることで、仕事にもプライベートにもゆとりを持てるようになるでしょう。しっかりと眠ることができれば、心身の疲れもとれるはずです。業務における〝無駄〟を削減することで空いた時間が生まれて、今まで以上に患者を受け入れる、あるいは患者一人ひとりにかける時間をもう少し長く確保できるようになるかもしれません。学会やセミナーなどに参加する余裕ができれば、さらなる自己研鑽に勤しむこともできるでしょう。プライベートな時間が増えれば、家族と過ごす時間や趣味で気分をリフレッシュすることもできます。

空いた時間をスタッフとの相互理解に活かせば、クリニック内の雰囲気も良くなり、離職も減るでしょう。Chapter02で触れたように、スタッフと良好な関係を構築するためには、コミュニケーションが欠かせません。それにはスタッフの不満に向き合う時間が必要ですし、人事評価制度を導入した場合、スタッフの目標を管理したり、面談したりする時間を確保しなければなりません。

スタッフの柔軟な働き方を実現するには、その人数を増やす必要もあります。例えば、看護師の人手不足を解消するため、結婚や出産、育児で現場を離れている看護師にもう一度働いてもらうよう呼びかける「アルムナイ採用」は1つの手です。それを実現するには、働く時間などで個々の細かな要望に対応できる環境をつくらなければならず、半日だけといったようなスポットで勤務できるシフトを組むためには、それだけの人数が必要になるのです。

もし、そのようなクリニックを実現できれば、長時間拘束されるのが難しく、働くことを諦めていた人を採用することができます。さらに、院長がスタッフと積極的にコミュニケーションをとり、お互い理解し合いながら働ける環境があれば、定着率は上がりますし、友達をスタッフとして紹介してくれるかもしれません。そうした「働き方改革」によって「魅力あるクリニックづくり」に成功すれば、「人材の確保」や「定着」が進み、「業績向上」という好循環を生み出せるようになるのです。

一方で、働き方改革を進める際は、その意義や目的をスタッフも含めた全員が理解することが大切になります。それはつまり、クリニック全体で同じ目的や意義を共有することになり、一体感が生まれてくるでしょう。Chapter02で説明したように、同じ志や理念を共有している組織は強く、持続します。

デジタルツールの活用によって、業務効率を大幅にアップ

それでは、具体的に働き方改革を実現するための方法を紹介していきましょう。1つは、Chapter03でも紹介したデジタルツールを積極的に活用する方法です。WEB予約システムを導入すれば、受付スタッフが電話対応に追われることがなくなります。また、システム上で問診票まで入力できるようにすれば、来院時にスタッフが問診票への記入をお願いして回収する手間も省けるのです。

WEB予約の場合、多くは診療時間開始前に予約が入るため、WEB上で問診まで入力できるようなシステムであれば、診療開始前にその日の患者について、詳細をパソコン上で確認できるようになるというメリットもあります。

デジタルコミュニケーションツールを導入すれば、ちょっとした伝達事項をチャットで済ませることができますし、他の人には聞かれたくないスタッフの相談にも対応できるでしょう。こういった日常的に発生する細々としたコミュニケーションを、ちょっとした隙間時間を活用して効率的に行うことができれば、スタッフとのまとまった面談時間を最小限に抑えつつ、良好な関係性を築きやすくなります。また、スタッフの勤怠管理システムや人事評価システムなどを導入すれば、開業医が陥りがちな〝なんとなく〟のシフト管理や査定などから脱却でき、スタッフの勤務実態に即した評価・査定が行えるようになるため、スタッフの納得感や満足感も高まるはずです。

こういったことを疎かにせず、自分なりに勉強しながら手元で実践してきた開業医も少なからずいるでしょう。きっと、診療後に1人でクリニックに残り、エクセルで一つひとつ入力していたのではないでしょうか。人事評価システムなどパッケージ化されたソフトを活用すれば、そういった作業を大幅に削減して、より有意義に時間を使えるようになります。

チームクリニック導入で、業務負荷を分散する

働き方改革を実現するもう1つの方法が、〝チームクリニック〟の導入です。厳しい労働環境の大きな原因となっているのが、開業医の負荷が大きすぎること。そこでチームクリニックを導入して、医師の業務負荷を分散するわけです。医師が2人体制になっても、患者数が増えれば業務負荷は変わらないと思う人もいるかもしれません。

しかし、開業医1人ですべての患者を診察することに比べたら、医師1人あたりの負担を軽減でき、空いた時間を他の業務や自己研鑽に使うことも可能となります（図42）。

医師が2人以上いれば、診療日や診療時間を増やすこともできます。木曜日を休診日にしているクリニックは多いですが、その理由は医師会関連の行事や

図42▶チームクリニックを導入した場合の業務負担分散

	月曜日	火曜日	水曜日	木曜日	金曜日	土曜日	日曜日
	院長	院長	院長	院長	院長	院長	休診日
8時	開院準備	開院準備	開院準備		開院準備	開院準備	
9時	診療	診療	診療	セミナーで 自己研鑽	診療	診療	
12時 30分	昼休憩 仮眠 午後診療 準備	昼休憩 スタッフと 面談 午後診療 準備	昼休憩 仮眠 午後診療 準備	地域の学校検診 医師会の会議 など	昼休憩 仮眠 午後診療 準備	閉院準備 経営状況の 確認	
15時	診療	診療	診療		診療	退勤	
19時 30分	閉院準備	閉院準備	閉院準備	医師会の 先生たちと 食事会	閉院準備		
20時 30分	退勤	退勤	スタッフ と食事会		退勤		

▼

	院長	A 医師	院長	A 医師	院長	A 医師	院長	A 医師	院長	A 医師	院長	A 医師	
8時	開院 準備		開院準備		開院準備			開院 準備	開院 準備		開院 準備	お休み	休診日
9時	診療	診療	診療	診療	診療	診療	セミナー で 自己研鑽	診療	診療	オン ライン 診療	診療		
12時 30分	昼休憩 午後診療 準備		昼休憩 スタッフ と面談 午後診療 準備	昼休憩 午後 診療 準備	昼休憩 午後診療 準備		学校検診 医師会の 会議など	閉院 準備 退勤	昼休憩 午後診療 準備		閉院 準備 経営状況 の確認		
15時	診療	診療	診療	診療	診療	診療			診療	診療	退勤		
19時	閉院準備		閉院準備		閉院準備		医師会の 先生たち と 食事会		閉院準備				
19時 30分	退勤		退勤		スタッフと 食事会				退勤				

セミナー、勉強会などの開催が、木曜日にセッティングされていることが多いからでしょう。

でも医師がもう1人在籍していれば、自分は今まで通り自己研鑽や医師会関連の行事をこなしつつ、クリニックは休診日にすることなく、もう1人の医師に診療を任せることができます。ほかにもChapter03で解説したように、開業医が対面で診療している裏で、オンライン診療やチャット相談を受け付けられるようになるでしょう。

週替わりで午前診療日を交代することで、売上を確保しながら休日をつくることも可能です。

さらに、数値化は難しいですが、院内の雰囲気も変わるというメリットが予想できます。チームクリニックを導入するとスタッフを増やすことになるため、看護師や事務なども医師同様に分業することで効率性が改善され、時間にも心にもゆとりが生まれるでしょう。

そのおかげで医師やスタッフ間のコミュニケーション量が増えて、院内の雰囲気も良くなっていくという具合です。

Chapter 06

チームクリニックの先へ～Next ステージを上げる「医業承継」

Part.1

白書

定年のない開業医は、次代へ受け継ぐイメージを描きにくい

開業医に定年はありません。医師免許においても年齢の上限に関する制限はないので、まさに「気力と体力が続く限り」できる仕事です。

しかし、一般企業では70歳までに会社を去る人がほとんどです。2021年4月に施行された「改正高年齢者雇用安定法」によって、企業には65歳までの雇用確保が義務付けられました。同時に、65歳から70歳までの就業機会を確保する施策を講じることが努力義務となっています。そのため、制度的には70歳まで会社に残って働きやすくなったといえるでしょう。

それでは、働いている人たちは高齢になって仕事をすることに対して、どのように思っているのでしょうか。内閣府の「令和2年版高齢社会白書」によると、男性の71・8%、女性の40・6%が70歳まで仕事に就きたいと思っているようです。しかし、70歳以上も働きたい人となると、男性は31・9%、女性は20・9%にまで大きく減少しています（図43）。

「人生100年時代」といわれるようになり、昔に比べれば高齢になっても働きたいと考える人が増えているとはいえ、70歳を超えても仕事をしたいと思っている人は4分の1程度ということになります。

一方、開業医はどうなのかというと、70歳を超えても働きたいという人が約半数の49・3％に達していました（図44）。そのうち80代でも働き続けると答えた人が5・9％、生涯現役という人も6・3％いることには驚かされます。それだけ、医師という仕事にやりがいを持ち、できるだけ長く働きたいと願う開業医が多いということです。患者の立場からすれば、自分のことをよく理解してくれているかかりつけ医が、長く働き続けてくれるのはうれしいことです。安心して診察を受けられますし、医師のことを信頼して子どもや孫までも診てもらっているという人もいるでしょう。

しかし、クリニックの承継という観点から見ると、こういった開業医の考え方には危険が潜んでいます。生涯現役として現場に出る気満々の人は、引退後のことをどうするか、しっかりと考えるタイミングがあまりないからです。

他方、地域の医療を守るという意味では、クリニックの承継は無視できない問題といえるでしょう。

図43▶今後収入を得られる仕事につきたいか

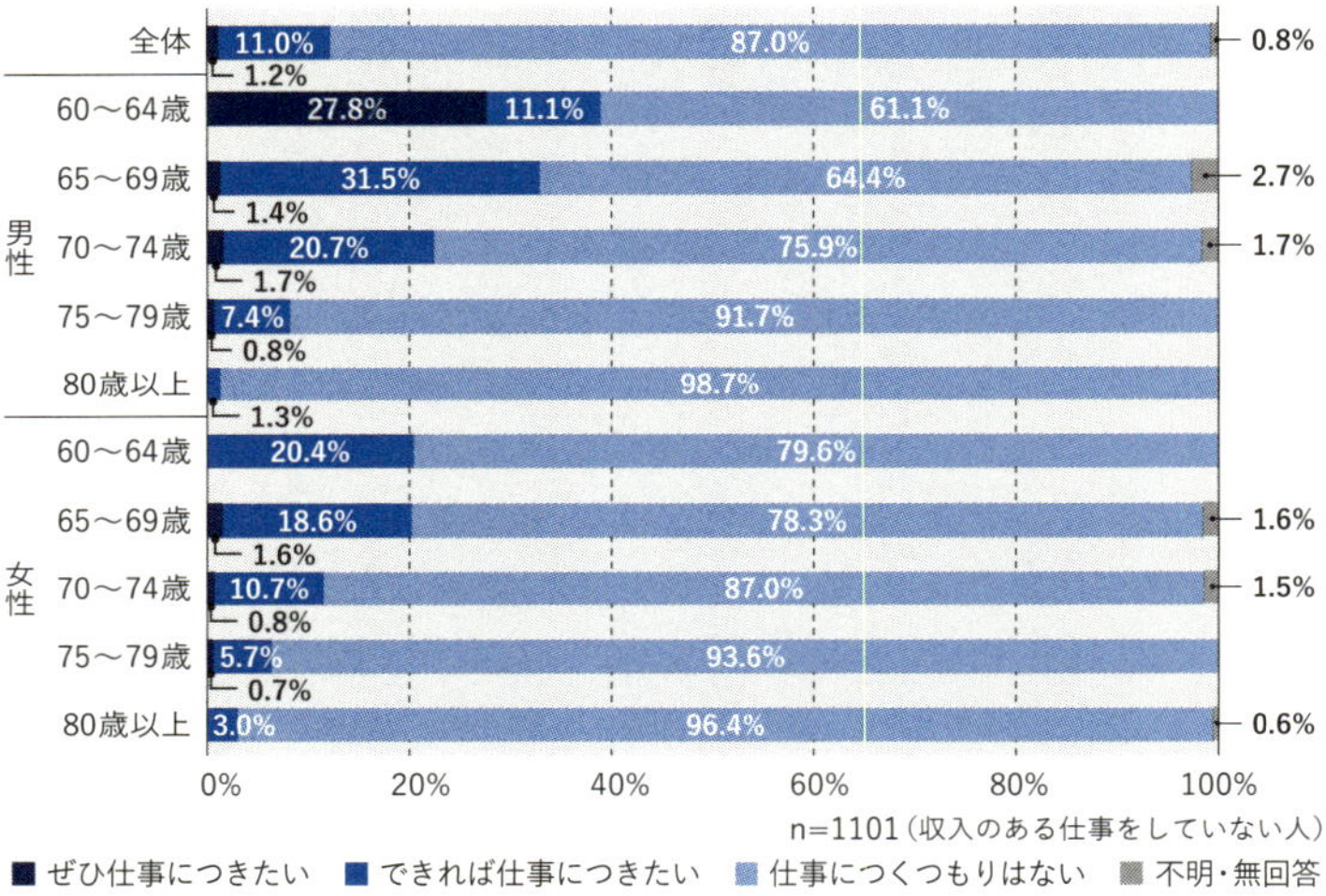

出典：内閣府「令和2年版高齢社会白書」

図44▶引退を希望する年齢

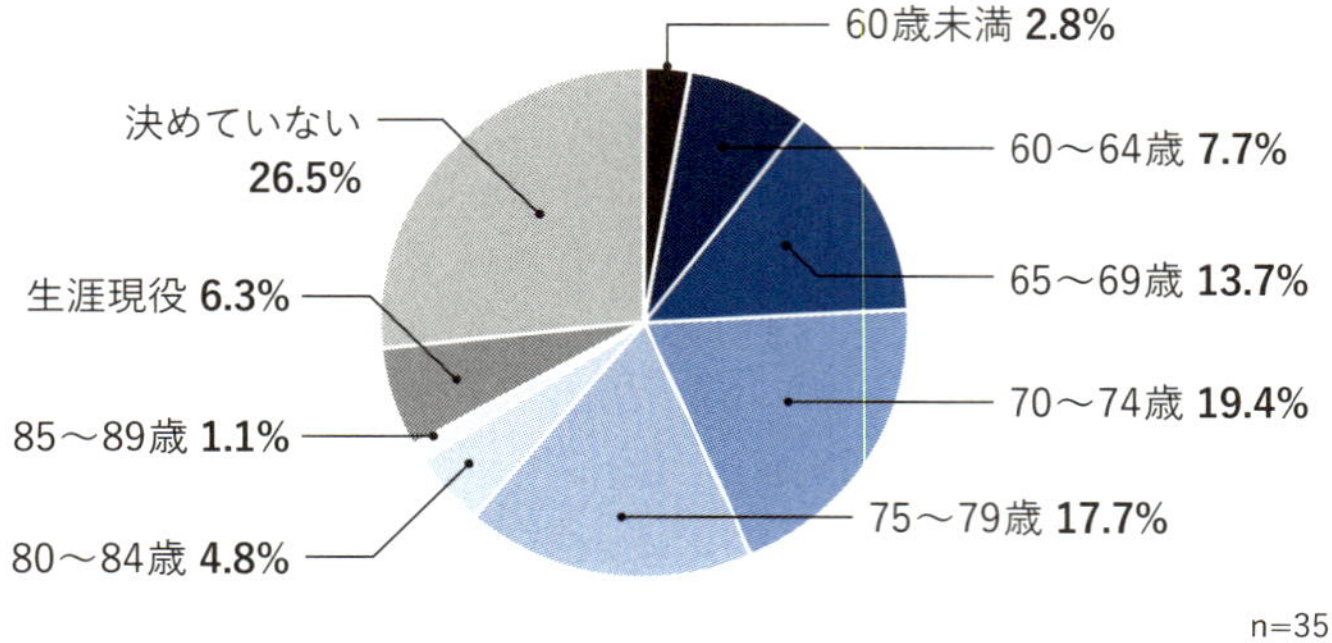

出典：クリニック未来ラボ「開業医白書2023」

Part.2

課題

後継者はどこから？生涯現役の末に廃業という選択

日本全体で高齢化が進み、あちこちでさまざまな問題が生じていますが、それはクリニックにおいても変わりありません。診療所で働いている医師の平均年齢は、驚くべきことに60・2歳だというデータがあります（図45）。これは「令和2年 医師・歯科医師・薬剤師統計」（厚生労働省）のものなので、もしかすると現在は、平均年齢がもっと上がっているかもしれません。

多くの開業医が医師免許を取得した後、研修医時代を経て医局や地域病院で経験を積み、40代前半で開業するので、20～30代の開業医が少ないのは当然といえば当然です。しかし、50代以上が全体の8割近くを占めるという業種も珍しいでしょう。

一方で、高齢になっても開業医として最前線で仕事をしているにもかかわらず、自分が引退した後のことを考えている人は想像以上に少ないという結果が、「開業医白書」の調べによってわかってきました。

引退後にクリニックをどうするかという質問に対し、「まだわからない」と回答した開業医が53・8％と過半数を上回ったのです。60代以上の開業医に絞っても、実に44・7％が「まだわからない」と答えています（図46）。

しかも、「承継を予定している」開業医は29・1％しかおらず、自分の代で閉院するつもりでいる開業医が26・8％もいました。4院に1院ほどは、閉院してしまうわけです。かかりつけのクリニックには長く診療を継続してもらって、自分や家族のこともずっと診続けてもらいたいと考える患者側の思いとは、だいぶ乖離してしまっているようです。

ただ、閉院を考えている開業医やまだ

図45▶診療所で働く医師の平均年齢

	医師数（人）	構成割合
総数	107,226	100%
29歳以下	309	0.3%
30〜39歳	5,053	4.7%
40〜49歳	18,212	17.0%
50〜59歳	28,495	26.6%
60〜69歳	31,835	29.7%
70歳以上	23,322	21.8%
平均年齢	60.2歳	

出典：厚生労働省「令和2年医師・歯科医師・薬剤師統計」

図46 ▶ 引退後の承継予定

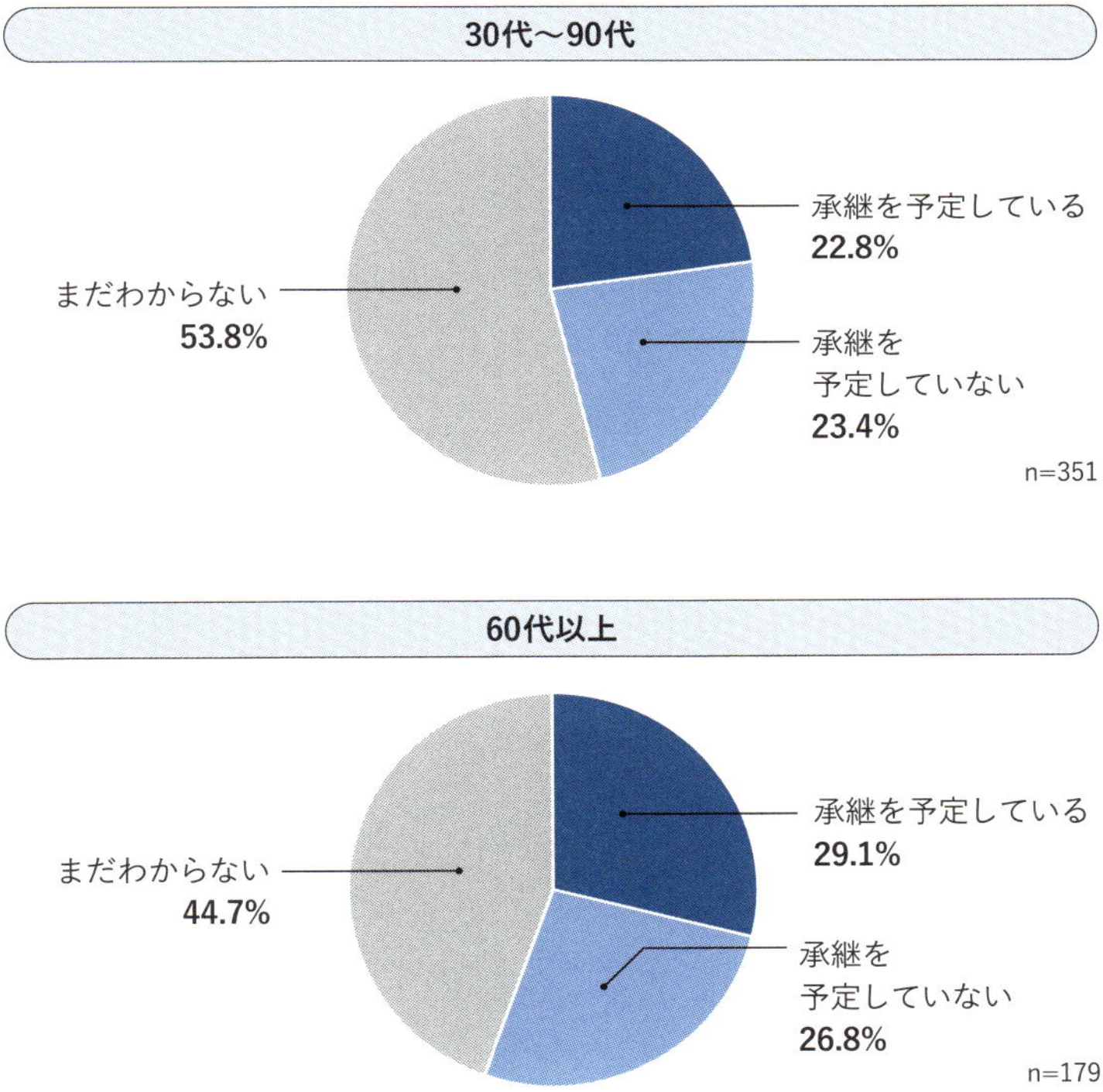

出典：クリニック未来ラボ「開業医白書2023」

わからないと答えている開業医の中には、自分ではどうすることもできない問題に直面している人も少なくないようです。その大きな要因は、後継者がいないこと。帝国データバンクのリリースによれば、２０２３年の後継者不在率第1位が自動車・自転車小売（自動車ディーラーなど）で66・4％、第2位が医療業（病院・診療所など）で65・3％にものぼります。これは病院なども含めた数値ですが、クリニックに限定したとしても、不在率が大きく改善するということは考えにくいでしょう。

自分の子どもに引き継がせたくても……

クリニックを承継する方法には、親族間の承継とそれ以外の2パターンがあります。かつてクリニックの承継といえば、大部分は前者でした。開業医の子どもが医師となり、医局などに勤務してある程度経験を積んだ後、実家のクリニックを引き継ぐというスタイルです。

しかし最近は、この承継スタイルが崩れてきています。子どもが医師になったものの、親のクリニックを継ぎたくないという話は珍しくありません。多様性や個人の意見が尊重されるように世の中が変わったことで、「大学病院など高度な医療技術が求められる場所で臨床に携わりたい」「研究の道へ進みたい」など、子どもの意見を尊重する開業医も増えてきています。最初から実家を継ぐつもりはなく、親とは異なる診療科を選択しているケースもありますし、親の大変そうな背中を見て、医師とは違う道を選んでいる場合もあるでしょう。

一方、あまり休みがとれず、非常に忙しい毎日を過ごすことになるクリニックを我が子には継がせたくない、他にやりたいことがあるならその思いを尊重したいと考える親も、昔より多くなっているのではないでしょうか。

マクロ的な視点でいえば、人口減少を背景に国が総医療費の削減へと力を入れている背景もあります。これはクリニック経営において、収益性の低下に結びついてくるでしょう。人口減少はスタッフの確保にも影響します。30～40年前に開業した親世代と現在では、クリニックを取り巻く環境が大きく変化し、今後はますます厳しい経営を強いられる可能性が高くなっていくでしょう。そのような環境下で、子どもに自分と同じ苦労をさせたくないと考えるのも無理はありません。現在もクリニックの承継において、親子間承継が主流なのは間違いありませんが、その割合は着実に減ってきていると思われます。

もう1つの形である親族以外への承継は、さらに2つに分けられます。

1つは、院内承継です。自院に勤務している医師に引き継いでもらう承継スタイルですが、多くのクリニックは院長1人体制なので、そもそも院内に後継者がいないケースがほとんどでしょう。

もう1つが第三者承継で、近年、徐々に増えてきている承継スタイルです。承継による開業を検討している医師が、そのサポートを行う企業に登録し、後継者を探しているクリニックとマッチングしたら交渉を重ね、契約に向かっていきます。

ただ、お互いにまったく面識のない医師同士の承継となるため、トラブルのリスクもあるようです。契約前に開示されていた情報に偽りがあった、承継後も数年間は以前の診療方針を引き継ぐ約束だったのに反故にされてしまったなどの事例を耳にします。第三者承継の場合、多くは売り手(現クリニック経営者)と買い手(承継希望者)が顔を合わせてから契約するまでに、半年~10カ月ほどしか時間がないため、お互いを深く知るところまで至らないことにトラブルの原因があるのかもしれません。

　このように、クリニックを誰かに引き継いでもらいたいと思っていても、後継者が見つからずにズルズルと経営を続け、心身ともに経営が難しくなってしまい、閉院という道を選択せざるを得ない開業医も少なくありません。

閉院という選択肢は、決して楽な道ではない

　こういったことを考えるくらいなら閉院したほうが良いという意見もありますが、実はクリニックを閉じるのも簡単なことではありません。

　まず申請書類が煩雑で、個人経営のクリニックは保健所に「診療所廃止届」を提出する必要があります。そのほか必要に応じて「エックス線廃止届」を出したり、都道府県に「麻薬施用者業務廃止届」を、医師会に「退会届」を、税務署には「個人事業廃止届」を提出したりしなければなりません。こういった届出書類は提出先や機関がバラバラなので、関係各所への確認も一苦労です。

　医療機器の売却や廃棄、リース製品の整理、保管している医薬品などの処置といった作業も山ほどあります。こういった事務作業の一部は、顧問弁護士や税理士に頼むこともできますが、クリニックで働いていたスタッフへの対応は

人任せにできません。まずスタッフ全員に「いつ」閉院するのか伝え、退職金の支払いや社会保険の手続きなども進めるのです。スタッフは働き口を失うわけですから、次の就職先を紹介するなど、できる限りのサポートもしたほうがいいでしょう。

患者へ閉院することを伝えるのも忘れてはいけません。院内の掲示板に張り出すだけでなく、診察のとき一人ひとりに伝え、今後のことを相談しましょう。患者自身で次に通う医療機関を見つけられればいいですが、できない場合は医師が他院を紹介する必要があります。

また、クリニックを閉院しても、院長には各種記録の保管義務があります。具体的には医師法によって定められている通り、患者のカルテは5年分、レントゲンなどは診療終了から3年間保管することが義務付けられています。

クリニックの建物が賃貸物件だった場合は、閉院して退去する際、原状復帰が必要なケースもあり、それには数十万円から数百万円という費用が発生する可能性もあるのです。

このように、閉院するだけでも多くの手間とお金が必要となるので、気軽に選択できるものではありません。

Part.3

未来

優秀な人材とともに、サステナブルな医院経営を目指す

課題パートでも触れましたが、従来の承継方法は親族間承継と親族外承継の2種類でした。私たちが提唱したい承継スタイルは、チームクリニックの先にある新たな親族外承継の形です。

つまり、クリニックで一緒に働いていた医師に、後を継いでもらう方法です。チームクリニックの大きなメリットの1つが、理念や治療方針など、開業医の考えに共感してくれる医師が同じクリニック内で働いてくれることです。そのため、クリニックの承継において難しいことの1つである、理念や治療方針の引き継ぎがしやすくなります。こういった〝思い〟に根差した考え方というものは、たとえ親子であっても共有できるとは限りません。むしろ親子だからこそ必要以上に反発して、親がやってきたことをすべて変えてしまうといった話は、一般企業の承継でも珍しくないでしょう。

その点、長く一緒に多くの患者に向き合ってきて、地域医療に貢献している

様を目の当たりにしてきた仲間であれば、引き継いだ直後に理念や方針を大きく変えるようなことはしないでしょう。クリニックの経営面から鑑みても、急に方針を大転換して患者にそっぽを向かれるリスクは避けたいはずです。いずれは承継した医師のやり方に変わっていくとしても、その変化は地域の患者が戸惑うことのないほど、緩やかなものになるはずです。

そもそもチームクリニックであれば、最初から理念に共感してくれる人を採用しているはずですし、一緒に働く中でどのような考え方を持っている人物なのかはおおよそ見えてきます。それはつまり、「この人物に後を任せて大丈夫なのか」を、じっくりと吟味する時間があるということなのです。

承継までの〝猶予〟が、大きなメリットを生む

チームクリニックを活用した承継のメリットとして2つ目に挙げられるのは、〝時間〟です。例えばクリニックを引き継ぐためには、診察ができるだけでは不十分です。医師であるとともに、経営者にもならなければなりません。チームクリニックであれば、医師やスタッフの採用基準や育成方針、売上を確保し

利益を増やす方法などを、開業医自ら、業務の中で受け継ぐことができます。その過程で、経営者に向いているのかどうかを判断することもできますし、当然、その医師にクリニックを継ぐ意志があるのかどうかもわかるでしょう。

3つ目のメリットは、開業医が高齢になっても現場で仕事をしやすい環境をつくれる点です。70代、80代ともなれば、誰しも体力や気力は落ちてきます。疲れやすくなるし、疲れが抜けにくくもなるでしょう。その状態で、毎日フル稼働するのはつらくなってくるはずです。

いずれ後を継いでくれることがわかっていれば、徐々にその医師をメインとした診療スケジュールを組むようにして、開業医はスポットで週に何回か勤務するという方法もとれます。このスタイルであれば、自分の状態と相談しながら働けるので、長く現場に立ち続けることができるでしょう。

また、自分よりも若い医師がメインで働いてくれるのであれば、デジタルツールを導入する壁も低くなるはずです。若い医師が主力となるのであれば、電カルへの切り替えをはじめ、ＷＥＢ予約やオンライン診療を始めたほうがいいともいえます。

さらに患者にとってもメリットがあります。患者が困るのは、長年通っていたクリニックがなくなってしまうこと。それと同じくらい戸惑うのが、信頼していた医師が突然いなくなってしまうことです。患者にとって、自身の生活習慣まで把握した上で適切な診察を行ってくれる医師は代えがたい存在ですから、その医師が突然いなくなるのは不安も大きいでしょう。

でも、チームクリニックであれば、通ううちに後継となる医師の存在も知ることになり、ときには代わりに診察してもらうこともあるはずです。クリニック内では患者に関する情報は共有されているので、診断や治療にも安心感が得られます。そのため、承継がなされたとしても、それほど不安は感じずに、大きな抵抗感を抱くことなく、通い続けられるでしょう。

もちろん、チームクリニックの先にある親族外承継にも課題はあります。一緒に働くうちに「この人物に後は任せられない」と感じるかもしれませんし、開業医が見込んでも本人に継ぐ意志がないかもしれません。承継には資金も必要です。とはいえ、この承継スタイルを選択肢の1つとして持てることは、クリニックの継続性を考えたときに、大きな武器となるはずです。

Chapter 07

変革はすでに始まっている。示唆に富む「先進事例」

本章では、ここまで触れてきた「チームクリニック」の実現に必要な、理念浸透による人材定着、医療DX、医師の働き方改革などを実践されているクリニックをご紹介します。

理念を実現する好循環のつくり方。自走する大きな組織へ……

——多摩ファミリークリニック 院長 大橋博樹氏

神奈川県川崎市にある多摩ファミリークリニックは、日本ではまだ珍しい「家庭医」を掲げ、内科、小児科、外科など幅広い診療科目に対応しているのが特徴です。

地域住民の健康を総合的にサポートする家庭医は、病気の治療はもとより、その再発防止や健康増進、予防活動などを一手に担う存在。その理念を実現するために、同クリニックでは外来の受け入れだけでなく、訪問診療にもかなり注力しているほか、看護師や助産師、医療福祉士、薬剤師などが、患者のさまざまな悩みに対応する相談外来も実施しています。

そのため、医師は非常勤も含め約20名が在籍し、コメディカルやソーシャルワーカー、事務、ドライバーなどを含めると、数十名が勤務しているのです。

驚かされるのは、小規模な病院並みの規模でありながら、スタッフそれぞれが密に連携を取り、自発的に行動していること。まさに、チームクリニックにおける1つの形であるといえるでしょう。

「クリニック内には、いくつもプロジェクトチームが存在します。災害チームやワクチンチーム、子育て支援チームもあれば、ACP（アドバンス・ケア・プランニング）チーム、広報チームまで、それぞれのチームが幅広い役割を担っている。そのすべてが通常業務外の自由参加活動で、職種に関係なく、有志が集まって自発的に立ち上がったものです。私を含めた経営陣の役割は、各チームから挙がってきた提案がクリニックの理念『地域医療に貢献する』に合致している

多摩ファミリークリニック
院長
大橋博樹氏

かを判断して、問題がなければ、それを実現するための資金繰りに知恵を絞ることだと考えています」

そう語るのは、多摩ファミリークリニックの院長である大橋博樹氏。同クリニックで10年以上続いている託児つきの新米ママ向け講座「ママカフェ」という活動も、スタッフの提案から始まったものだといいます。初めて子育てをしている母親の6割超が1日12時間以上、赤ちゃんと2人きりの時間を過ごしており、それが産後うつなどのリスクを高める原因の1つになっている。そういった社会課題を地域医療で解決する場として、このプログラムは多くの母親から好評を得ているそうです。

しかし、組織は大きくなるほど、その中の人間関係は複雑になっていくもの。また、忙しくなるほど日常業務で手一杯になり、スタッフ一人ひとりが自発的に動くのは難しくなっていくでしょう。

それなのに、なぜ多摩ファミリークリニックでは個々が主体性を保ちながら連携を取り自走するという、チームクリニックの理想形を実現できているのでしょうか。大橋氏は次のように語ります。

「まずは『地域医療に貢献する』というクリニックの理念に、共感している人たちが集まっていることが重要です。全員が大切にしている根っこが同じなので、活発なコミュニケーションをとりながら前向きな話し合いができるし、協力体制を築きやすい。加えて私も毎日、現場でスタッフとともに業務にあたっています。いわば、理想を実現するコマの1つである。その上で経営者として、何かあれば〝最終的な責任はとる〟ことを行動で示しているので、誰もが安心して挑戦できるという風土ができあがっているのも要因でしょう」

お互いがどのような仕事をしているのかを理解して、患者のためにできることをそれぞれの視点で常に考える。

だからこそ、互いに気づきや刺激を与え合って、サービスの質が向上し、患者から喜ばれて、スタッフのモチベーションも上がっていく――この好循環が、チームに活気を与えているのです。

「自分たちで施策を企画し、実行しているという手応えがあるので、実現できたときや成果が出たとき、それが大きな達成感につながりやすい。やり遂げたという自信もつくでしょう。この繰り返しが、一人ひとりの主体性を後押ししているのだと思います」

あえて余剰医師を配置し、クリニックの対応力をさらに向上

ただ、チーム内で同じ理念を共有して、スムーズに連携できていたとしても、日常業務に追われていては、新たなことに挑戦する余裕など持てないでしょう。その点で、多摩ファミリークリニックが行っている画期的な対策の1つが、遊軍として必要に応じて動けるフリーな医師を1人、シフト上で必ず確保することです。

「急遽、往診に行かなければならない、外来が混雑して医師がもう1人必要になったなど、何かあったときの助っ人として対応する人員です。当院では専攻医や研修医を積極的に受け入れて教育もしているので、その指導やオンライン診療に対応してもらうこともあります。何もなければ、他のスタッフとコミュニケーションをとるなど、のんびり過ごしている姿も目にしますよ(笑)」

同クリニックでは、予約した患者のみオンライン診療を受けつけています。とはいえ、外来が患者で混みあっている状況で、目の前にいる患者を放ってオンライン診療に対応することは難しい。その点、フリーな医師を毎日配置しておけば、オンライン診療も導入しやすいでしょう。

また、余裕があることで医師の育休取得者も出てきているなど、働き方の選択肢も広がっているようです。

さらに職場の一体感を醸成するため、採用においては「一緒に働く人たちの声」を大切にしていると大橋氏は強調します。

「一緒に働く仲間が受け入れてくれるかどうかは、とても大切なのです。スタッフ同士の関係性がギスギスしてしまうと、悪い雰囲気は患者にも伝わってしまう。それは私たちの理念に背くことになります。結局は、理念を実現するために何をするかという発想で、いろいろなことを決めているということです」

理念や医療方針などを外部に発信しているため、そこに共感して採用に応募してくる人材も多く、人手不足に困ったことはないと同氏は微笑みます。もちろん、大勢の医師やスタッフを雇用するには一定以上の売上が不可欠ですが、理念を徹底したクリニック運営に力を注いできたことで、開業以来、順調に患者数が増加。現在、外来だけで日に120〜150人ほどが来院し、在宅医療の依頼も増え続けているとのこと。確固たる理念を掲げ、それを軸にクリニック運営を構築することが、チームクリニック実現のカギだというわけです。

必要なデジタルツールを、必要な形で活用することの重要性

――清水医院 院長 清水導臣氏

「救急医として働いていた頃、医療と患者とのギャップを感じたのが、開業医になったきっかけでした。病状が悪化して救急センターに運ばれてくる患者の治療にあたっていると、もっと早い段階でできることがあったはずだと思うことが何度もあったのです。救急医療の場でできることには限界があります。その手前で、重症化する前にもっとできることがあるはずだと、痛感させられました。そして、日頃から患者さんに近い場所で医療を提供できる、クリニックの重要性を再確認したわけです」

こう語るのは、京都府京都市にある清水医院の院長・清水導臣氏です。

同クリニックは清水氏の祖父が開業したクリニックで、現在は3代目。もともとは内科として開業しましたが、前院長である父の代に整形外科へ転向したこともあり、清水氏がクリニックを引き継ぐために戻ってきた頃には、祖父の代に通っていた患者の多くが周辺の内科クリニックへ行くようになっていたそ

うです。1日の患者数も理学療法を受ける10名ほどと、かなり少なくなっていました。

「私は風邪から生活習慣病、切り傷など幅広い症状に対応したいと考えています。だから診療科に内科、外科を掲げてはいるものの、そこにこだわらず『何か困っていることがあれば、まず当院にきてください』と話す。それが開業医を志した、私のもっとも大きな目的ですからね」

しかし、清水氏が院長に就いた当初は、「清水医院は整形外科」という印象が固定化されていました。そのため、同氏が目指す医療を実現するには、あら

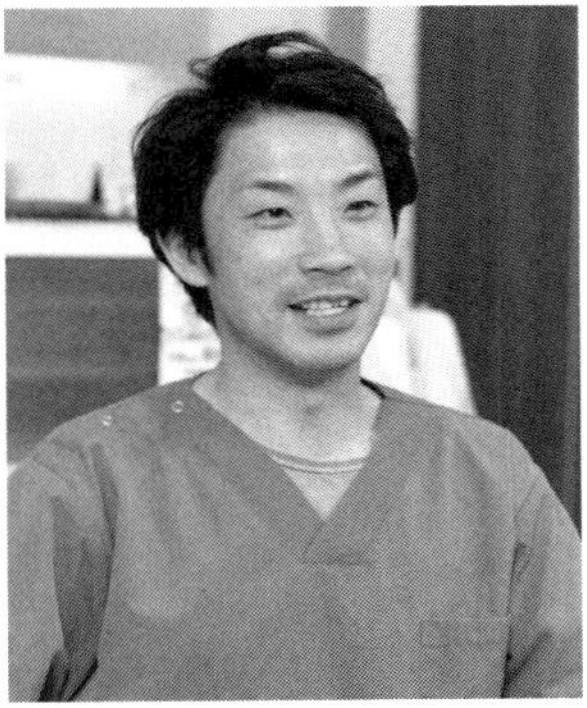

清水医院
院長
清水導臣氏

ために清水医院が〝どんな病気やケガにも幅広く対応する〟ことを、地域住民に知ってもらう必要があったのです。

そこで、顔なじみの周辺住民には口頭で伝えるという地道なコミュニケーションをとるとともに、デジタルツールを活用することにしたといいます。

「当院に通ってくれていた方は高齢者が中心だったので、早急にDXへ取り組む必要性はありませんでした。患者数もスタッフも少なかったので、差し迫って業務効率化を考えなければならない状況でもありません。しかし、これから新しく患者となる方から清水医院を選んでもらうためには、差別化という点で、DXに大きな効果があると考えたのです」

というのも、清水医院がある地域では世代交代が進みつつあり、高齢者が住んでいた住居に若い夫婦やファミリー層が入居してきていたからです。

「若い方はインターネットやSNSを使って、自宅近くのクリニックを探すでしょう。そこで、まずはホームページを作成して、この地域のクリニックを検索したとき、検索結果のトップに清水医院が出てくるよう工夫しました。いわゆるSEO対策を行ったわけです。WEB予約システムやキャッシュレス決済を導入したのも、若い層の方から当院を選んでもらうためでした」

ただ、以前から通っている患者は全員が医師やスタッフと顔なじみで、ふらっと通院してくることが当たり前。事前に予約する文化はありません。そのため、WEB予約システムの導入に対しては、むしろ抵抗感のほうが強かったといいます。

そこで、WEB予約は使わずに、これまで通りクリニックに直接きても構わないこと、もしも使ってみたいと思ったら、スタッフがしっかりと教えることなどを丁寧に説明したそうです。

「その分、スタッフの手間は増えてしまっていたかもしれません。でも、WEB予約を導入したことで、ネットを使い慣れている若い世代の患者が着実に増えていきました。また、キャッシュレス決済に対応しているクリニックは周辺にないことから、その導入を喜んでくれる方もたくさんいらっしゃいます」

清水氏はこうしたデジタルツールを導入する際、「患者にとってプラスになるのか」「クリニックで働いてくれているスタッフにとってプラスになるのか」、そして「自身が目指す医療にとってプラスになるのか」という視点が肝要だと語ります。

「患者が便利に感じてくれるかどうかは、当然考えなければなりません。同時に、スタッフがどう感じるかも重視するポイントです。私がどれだけ便利だと思っていても、スタッフ全員が不便だと思っていたら、それは今の当院には不要なもの。結局、ツールの良し悪しは、使う人がどう感じるか次第ですから」

単なる診察時間の短縮ではなく、より対話できる充実を！

もう1つ大切にしているのが、自身が目指している医療の形を実現する上で、デジタルツールをどう活用するのが良いのかという視点だと続けます。

「例えば、WEB問診。従来、クリニックで診察を待つ間に記入してもらっていた問診票を、WEB予約の際に入力してもらうツールですが、私はデフォルトで設定されている質問項目を減らして、必要最低限のものだけを設定しています。問診であまり深いところまで質問してしまうと、広い視野で総合的に診察する妨げになる恐れがあると考えるからです」

WEB問診は事前に患者の症状を把握して、診察時間を短縮するために利用されることの多いデジタルツールです。しかし、情報量が増えるほど、そこから類推できる病気にばかり神経が向いてしまい、その裏に隠れている症状や病気の可能性に気づきにくくなってしまうかもしれない。

そのため清水医院では、「発熱していますか」「持病はありますか」「どんな薬を服用していますか」「アレルギーはありますか」など、基本的なことしか質問していないといいます。

「私がクリニックで実現したかった医療は、患者に近い場所で、症状が悪化する前に適切な医療を提供すること。それによって助かる命を1つでも多く救いたい。それには、患者との対話が何よりも重要です。だから私にとっては、診察時の対話時間をなるべく多く確保することが大切なのであって、診察時間を短縮することだけを目的としていません。事前予約やWEB問診を導入することによって、それまで以上に、しっかりと患者と向き合い、一人ひとりと深いコミュニケーションをとることに注力できる。それこそが、医療DXを進める意義だと考えているわけです」

近年、テクノロジーが発達し、さまざまなツールが登場しています。だからこそデジタルツールが「なんのために」必要なのかを考えて、自院に合ったものや活用方法をしっかりと検討することが大切なのです。

地域医療の価値を高める、ハイレベルな病診連携という形

——医療法人ONE 理事長 菊池大和氏

神奈川県綾瀬市にある医療法人ONEのきくち総合診療クリニックは、駐車場を280台分備えるショッピングモールの一角にあります。医療施設では内科や外科など診療科が掲げられているものですが、同クリニックの特徴は、「総合診療かかりつけ医」という肩書きをうたっていることでしょう。

「当院は『いつでも、なんでも、誰でも、まず診る』クリニックです。だから私は『総合診療かかりつけ医』という言葉をつくって、風邪や腹痛、切り傷、生活習慣病、認知症など、どんな病状の患者も受け入れています。そのため、患者の年齢も0歳から100歳まで、とても幅広いですね」

こう語るのは医療法人ONE理事長であり、きくち総合診療クリニックの院長も務める菊池大和氏です。

多様な患者の診療に対応すべく、同クリニックでは20名ほどの医師が働いています。そのうち総合診療に対応する医師は菊池氏と副院長の2名ですが、そ

れ以外にも近隣病院に勤務しているさまざまな診療科の医師が非常勤として協力することで、あらゆる疾病に対応しているのです。

「私にも副院長にも専門ではない、得意ではない分野はあります。例えば、整形外科の難しい症例については、北里大学から整形外科の医師がきてくれていますし、小児科については聖マリアンナ医科大学の医師が手を貸してくれている。総合診療に対応した医師がクリニックに常駐しつつ、さまざまな診療科の医師に助けてもらいながら、チームとして、どんな症状でも診られる体制を築いているわけです」

医療法人ONE
理事長
菊池大和氏

また、総合診療を行う上で、周辺にある病院との病診連携が非常に重要になってくると、菊池氏は強調します。

実際にきくち総合診療クリニックでは、前出の北里大学や聖マリアンナ医科大学も含めて、5つの病院と連携しているのです。病診連携というと、クリニックで診察して、より詳しい検査や専門医の診察が必要だと判断されたときに、大学病院などへの紹介状を書いて患者に渡す、というのが一般的なイメージでしょう。そして患者は紹介された病院に自分で予約をとって、あらためて診察を受けなければならない。

しかし、きくち総合診療クリニックでは、担当医が連携先の病院、もしくは医師に直接連絡をとって状況を伝え、診察日まで決めてしまうことが少なくないといいます。

「患者にとって、治療がスムーズに運ぶことは何よりも大切です。紹介状を書くだけでは、結局、患者自身が病院へ連絡して予約をとり、病状をあらためて説明しなければなりません。それは、かなり手間のかかることで、患者にとってはストレス以外の何物でもないでしょう。当院の場合、連携先の医師について、その専門性などをしっかり把握していますし、医師から直接連絡して、その日のうちに病院へ行ってもらうよう取りつけることもあります」

菊池氏は日頃から周辺の各病院を回って親交を深めているため、このような連携を可能としているわけです。

さらに、連携先の病院、医師と理解し合えていることは、紹介先の病院で治療が終わった後にも効いてくると続けます。

「病院での治療後、再びクリニックに患者を戻してもらうことも重要です。かかりつけ医ほど患者のことを理解し、専門的な知識をバックボーンに、身近な距離感で健康状態をつぶさに確認できる存在はいません。しかし、病院側としては、クリニックに十分な検査体制や任せるに足る医師が揃っていないと、戻すことに不安を感じてしまいます。その点、当院にはＣＴやＭＲＩなどの検査機器を備えており、患者としっかり向き合える医師が多数いることを連携先の病院や医師にもしっかりと伝えているので、安心して戻してくれるのです」

周辺の病院と、ここまで日頃のコミュニケーションや相互理解を深めているきくち総合診療クリニック。

ここで実践されているのは病診連携先まで含めた、まさに地域全体を巻き込んで患者を支えるチームクリニックであるといえるでしょう。

増え続ける患者に、総合診療かかりつけ医の必要性を実感

菊池氏が総合診療かかりつけ医の必要性を意識したのは、救急医として大学病院に勤務していたときだといいます。大きな病院に運ばれてくる前に、地域医療で適切な治療ができていれば、症状を抑えることも、命を助けることもできたのではないか。そう考えさせられる経験が、幾度もあったそうです。

「医師になった当初は、外科医としてキャリアを積んでいこうと思っていました。けれども、救急時代の経験から、地域のクリニックで患者としっかり向き合う医師の存在が必要だと強く思ったのです。これから日本は、さらに超高齢社会となるでしょう。複数の病気を抱える人も増えていきますから、どんな症状にも対応できるクリニックが自宅の近くにあれば、すごく助かるはずだと。そう考えれば、総合診療かかりつけ医は絶対に必要な存在で、その拠点となるべきは地域に密着しているクリニックだと思い、開業を決意しました」

開業を検討しているとき、車を運転していて、たまたま空きテナントを見つけた綾瀬市について調べたところ、8万人ほどの人口がいるにもかかわらず、市内にクリニックは20件ほどしかなかったそうです。

「とても人口をカバーできるほどのクリニック数とは思えませんでした。それに、総合診療を行っているところも見当たらない。これでは、地域の方々が不便だろう——それが、この場所でクリニックを開業した理由です」

総合診療医という馴染みのない診療内容の上、縁もゆかりもない地域で新規開業するというのはリスクの大きな選択でしょう。なぜなら、新規開業でもっとも苦労するのが集患であり、経営が成り立つだけの患者が来院するようになるまで、運転資金を開業医が持ち出すことになるからです。

しかし、きくち総合診療クリニックでは開業以来、そこに困ったことはないといいます。

「開業1カ月目で、患者数は1日100人を超えました。現在、開業から8年が経ちましたが、いまだに新規の患者が毎月500〜600人いらっしゃいます。この話を開業医仲間にすると驚かれるのですが、裏を返せば、総合診療かかりつけ医がそれだけ地域に必要とされているということ。困っている患者が、大勢いるということです。その期待に応えるのは、とてもやりがいのあることだと実感しています」

MVVCを浸透させ、働き方は自分たちで究極にクリエイトする

――多治見スマートクリニック 代表 福田 誠氏

「私が大切にしているのは、ミッション・ビジョン・バリュー・カルチャー（MVVC）をどれだけ組織に浸透させるかということです」

こう語るのは、岐阜県多治見市の多治見スマートクリニックで代表を務める福田誠氏。整形外科医・救急医として豊富な経験を持つ一方で、山中伸弥氏がノーベル医学・生理学賞を受賞する前年から3年ほど、京都大学iPS細胞研究所でともに基礎研究にあたっていたという異色の経歴を持つ医師です。現在は同クリニックの他に、小牧スマートクリニックと京都スマートクリニック円町を展開しています。

福田氏がいうMVVCとは、「M＝医療サービスを通じてゲストに〝つながり〟を届けることで社会貢献する」「V＝医療における〝新しいあたりまえ〟を創造する」「V＝ハイエンドな〝機能価値〟と心が動く〝感情価値〟がつながる新

しい医療価値」「C＝〝Cleanliness〟という基礎の上でパートナーのカラフルな才能が輝くことで、ゲストに最高の医療滞在空間を提供する」というもの。ここに出てくる「ゲスト」とは、患者だけを指した言葉ではありません。患者にはそれぞれ、おいしいものを食べたい、孫の顔を見たい、趣味を楽しみたいなど、生きる目的がある。それを共有する家族や周りの人々すべてを、福田氏は「ゲスト」と呼んでいるのです。

また、「パートナー」とはクリニックで働く医療従事者や事務スタッフなど、クリニック経営に携わっているすべての人たちを指しています。

多治見スマートクリニック
代表
福田 誠氏

MVVCを組織に浸透させるといっても、言葉にして伝えるだけでは限界があるでしょう。そこで、福田氏はMVVCをクリニック経営の中で具体化することで、ゲストやパートナーに理解してもらう方法を採っているようです。

その1つが「自分たちの働き方は自分たちでつくる」という考えのもと、「パートナーの働き方を究極にクリエイト」していることです。

「当院のメディカルアシスタント2名とカルテ入力補助などを行うシュライバーの方は、オンラインで働いています。しかも、アシスタントのうち1人はロサンゼルス在住です。ご主人の転勤に合わせてアメリカへ行ったのですが、あちらでは日本の看護師資格を使えません。でも、看護師としての仕事がしたいという思いの強い人だったので、それならオンラインで協力してほしいと提案しました。他のパートナーも、多治見まで通うのは難しいけど、当院の考え方に共感して働きたいといってくれる方には、オンラインで勤務してもらっています。そういう人たちとのつながりは、大切にしたいですからね」

さらに多治見スマートクリニックでは、院内ベンチャー事業にも積極的に取り組んでいます。例えば、医療系の資格を持っていないパーソナルトレーナーが、「自分もゲストに何かを届けたい」という思いを実現するため、同クリニックで手術後の方を対象に、ヨガやピラティスの教室を開いているのです。

「当院には、パートナーだけのための無料保育所があります。外部から子どもは一切受け入れていないので、経費はすべて持ち出しですが、パートナーが自分らしく働けるようになるのであれば、それでいい。子どもが院内にいて、すぐに会いに行ければ、安心して働けるし、仕事に集中できるはずです。また、乳腺外科の医師との出会いから開業した小牧スマートクリニックでは、パートナー全員が女性で、育児との両立がしやすいように診療時間を15時までと設定しています。そうして働き方をクリエイトすれば、パートナー一人ひとりが当院でワクワク働けるようになり、夢を叶えられたら幸せでしょう」

福田氏のもとには、こうした考え方に共感した人材が集まってくるそうです。

組織内のガバナンス構築が、理想のクリニックをつくり上げる

多治見で開業した福田氏ですが、この地につながりがあったわけではありません。クリニックでも手術ができるようにしたいという希望を実現するために、

有床診療所の新規開業を目指していたところ、多治見で開業許可がおりたというのが理由です。まったく知らない土地で新規開業し、経営を成り立たせるのは容易ではないでしょう。

でも福田氏は、「勝算があった」と語ります。

「手術で人を幸せにしたいけれど、ビジネスとしても成立させなければならない。そのために、手術の予定を組みやすく、保険診療単価が高いという条件を満たす方法を探した結果、出てきたのが人工関節手術でした。実は人工関節手術を受けるゲストは、10万人あたりの人数がおおよそ決まっています。そこで当院の医療圏人口45万人からニーズを割り出したところ、経営が成り立つ売上確保に必要な年間２４０件の手術は、可能だと判断できたのです」

人工関節手術の競合となる病院と差別化するために、土日も手術を行うという戦略を採用。さらに先進的な取り組みとして、近隣で手術を実施したい開業医などを対象に、手術室や必要人員などを貸し出すサブスクリプションサービスも行っています。これも、クリニックの垣根を越えて地域を支えるチームクリニックの、１つの形といえるかもしれません。

「広報専任のパートナーも採用して、認知向上にもかなり力を入れています。

開業はコロナ禍真っただ中でしたが、おかげさまで内覧会には1200人も来院していただくことができました」

また、現在は医師4人とパートナー40人ほどが働くクリニック内のガバナンスをしっかりと構築し、売上も業務効率化も実現できているそうです。

「クリニックの3カ月後を考えるゼネラルマネジャー（GM）を2名、3週間後を考えるクリニックマネジャーを診療科ごとに1名ずつ置いています。私がするのは最終判断だけで、すべての業務を彼ら彼女らに任せているのです。そうすることで、私はよりイノベーティブな発想へと頭を使うことができる。口を出すのは、GMが3週間後のことを考えてしまっているなど、そうした方向性を修正するときだけです」

パートナーに大きな裁量を持たせることで、自分たちで考える習慣が少しずつ身についてきているといいます。

この風土とMVVCの考え方を徹底することで、誰もが自分に何ができるのか、何をするべきかを考えて行動し、クリニックの姿をつくりあげていくことができる。〝自走するクリニック〟の実現に一歩ずつ近づいていると、福田氏は微笑みます。

おわりに～未来型経営を共創する〝真〟のパートナーは誰か

「キュア中心からケア中心へ」と舵を切った医療業界。その変化に後れを取らず、２０３５年以降も選ばれるクリニックになるためには、開業医に何が求められるのか――その答えを探すべく、本書では「チームクリニック」をキーワードとして、あらゆる角度から分析・提言してきました。

開業医である先生方の中には、本書を読んで「スタッフが定着しないのは、実は経営手法に課題があったのかもしれない」「導入しようと思いつつ、先延ばしにしてきたＷＥＢ予約システムを、そろそろ真剣に考えないといけない」など、今後のクリニック運営に活かせるヒントを得られた方がいらしたら、大変光栄に思います。

一方で、「言いたいことはわかるけど、一体何から始めたらいいのかわからない」「時間的余裕がなくて今は難しい」と、日々の多忙さゆえに一歩を踏み出せない方もいるかもしれません。それは、目の前にいる患者と毎日、真摯に向き合っているがゆえに、身動きの取れない状態に陥ってしまっているだけだと思います。だからこそ患者のため、地域のために力を尽くす、そんな先生方に向けて、私たちはあらゆる角度から、変わることの大切さを伝えたいのです。

心を閉ざさないことが、はじめの一歩

私は「心を閉ざさなければいつか変われる」と考えています。何を青臭いことを……と思うかもしれません。ただ、そう考えるのには理由があります。個人的な話になりますが、ここで、ある医師のエピソードを紹介させてください。

今から15年ほど前。当時、私が経営に関するご提案のために通っていたクリニックは、駅から少し離れたところにありました。ただ、そこの院長であるベテラン医師のA先生は、「地域の人たちには認知されていて、口コミだけで十分患者さんはきてくれるから、特に困りごとはない」というお考えの持ち主。そんな先生に対し、私は「おっしゃることはわかります。でも、これからは……」

と患者視点に立った情報発信の必要性を繰り返しお伝えしていたのです。

そうして交流を深めるうち、A先生とともに地域のママ向け講演会を企画させていただくなど、良好な関係を築くことができました。しかし、肝心の情報発信に関しては、なかなか理解を得られません。その後も若いメンバーが何人も先生のもとを訪ねましたが、その領域に関して支援させていただくことについては、首を縦に振ってもらえませんでした。

ところが、それほど頑なだった先生が、少し前からドクターズ・ファイルを活用して情報発信を始めたというのです。びっくりして久しぶりにクリニックを訪れたところ、開口一番、気恥ずかしそうに、こうおっしゃいました。

「何度も情報発信の必要性を伝えてくれたのに、気づくのが遅くて申し訳なかったね。あなたの言っていた意味が、やっとわかったよ」

そして、情報発信に力を入れることによって、自身の診療に対する思いをわかった上で受診する患者が増え、その結果、患者とのコミュニケーションがより深まったこと、さらには新たな出会いも増えたことを笑顔で語ってくれました。その表情を見て、私のほうこそ、心底うれしくなったのは言うまでもありません。情報発信というのは、きっかけの1つに過ぎません。私の胸が熱くなったのは、この先もずっと地域医療に貢献していこうとアクションを起こした、先生の覚悟に心を打たれたからです。

A先生のように、開業医として豊富な経験を積み、地域に根差してきた実感がある方ほど、現状を変える必要性を感じにくいのかもしれません。でも、その状況が続くわけではないことは、現場の先生方が一番、ご存じだと思います。もしも近くに同じ診療科のクリニックやクリニックモールができたら……？住民の住み替えが一気に進んだら……？

今後、そういった事態が起きないとは限りません。たとえ周囲の状況が変わらなかったとしても、現在50代の開業医が年を重ね、70代になったときに、今と同じようなクリニック経営ができるかといったら、難しいのではないでしょうか。自分が20代～30代の若い患者だと考えてみてください。はるかに年上の医師よりも、同世代や少し年上くらいの医師のほうが、相談しやすいかもしれません。それは患者心理として、自然なことでしょう。

だからこそ、将来に向けて今ある価値を長期的に持続させせるためには、患者を自院の〝ファン〟にすることが欠かせません。ファンであれば、周りの状況がどんなに変化しようと、「推し」としての気持ちが揺らぐことはないからです。そのための入り口として、先生方には心を閉ざさないでほしい。そう願っています。A先生も、耳をふさがずに私たちの声を聞き続けてくださったからこそ、大きな一歩を踏み出すことができたのです。

もちろん、新たな一歩を踏み出すときは、一時的に痛みを伴うこともあるでしょう。例えば、より良い医療の提供に向けて新システムを導入するには、少なからずスタッフに負荷がかかるものです。しかし、医療DXによる効率化で生まれた時間を、スタッフや患者とのコミュニケーションにあてられるというゴールをクリニック内でしっかりと共有できれば、スタッフは同じ方向を向いて走ってくれるはずです。

変わりたいという思いをアウトプットするからこそ、これまでにない視点がインプットされたり、新たなつながりが生まれたりします。そうしたコミュニケーションの積み重ねが、「チームクリニック」を形づくるのです。

「病気を治す場所」から「健康になれる場所」へ

「キュアからケア」への時代へと移り変わる中で、医療に求められるものは、今後さらに多様化していくでしょう。予防的な視点はその最たるもので、コロナ禍を経て、人々の健康意識が大きく変化したことが後押しとなっているのは間違いありません。すでに、地域のヘルスリテラシー向上を目指す講演会などを行っているクリニックもあります。これからのクリニックでは、そうしたコミュニティとしての役割が、今以上に強化されていくでしょう。考えてみれば、幅広い世代が一斉に集う場所なんて、そう多くはありません。老若男女が訪れるという点ではコンビニや商業施設も同様ですが、それらと決定的に異なるのは、クリニックを訪れる人には「健康になりたい」という明確な目的があること。だからこそ、これからのクリニックは「病気を治す場所」だけでなく、「健康になれる場所」としても地域に必要とされる存在になっていくはずです。

例えば内科であれば、休憩時間を利用して管理栄養士が高齢者に栄養のアドバイスをしたり、小児科ならヘルスケア企業と協働してママ向けにピラティスやヨガの教室を開いたり。あるいは、時間のない働き世代に向け、婦人科が週末に更年期予防の講座を開催するのもおもしろいでしょう。さらに、広い駐車場のある郊外のクリニックであれば、診療科の壁を越え、地域の医療機関と連携して健康づくりのイベントを行うことだってできます。

想像しただけでわくわくしませんか？

目の前の診療や業務に忙しく追われる日々の中でも、時折、少し先の未来を見据えて、開業医としての新たな可能性を思い描くこと。これこそが、患者からもスタッフからも〝選ばれるクリニック〟の原動力になるはずです。

未来の地域医療を支えるチームパートナーとして

クリニックが地域医療のハブとなる未来を、夢物語で終わらせるか否かは、チームクリニックの存在にかかっているといっても過言ではないでしょう。なぜなら、診療の他に講座やイベントを行うには、医師やスタッフの理解と協力が不可欠だからです。さらに、クリニックの新たな付加価値を地域にアピールしていくためには、院内のチームだけでなく、経営面において医師をサポートする人たちの存在も欠かせません。

例えば、自院に合ったシステムを紹介してくれるメーカー、客観性の高い情報発信を行う医療広告メディアなど、それぞれの分野におけるプロフェッショナルが、自分たちの強みを活かして開業医を支えることができたら、クリニックの未来型経営を実現するための強力な味方になるでしょう。いうなれば、チームクリニックならぬ「チームパートナー」です。私たちもそんなチームパートナーの一員として、患者やスタッフ、そして地域のために、孤軍奮闘する先生方を全力で応援し続けたいと思います。そのための武器として、本書が未来のクリニック経営を後押しする一助となることを願ってやみません。

最後になりましたが、本書の出版にあたって、クリニック未来ラボのメンバーが持つチーム力のすばらしさを感じました。そして、貴重なアドバイスをくださったきむら内科クリニックの木村謙介先生、チームクリニックの先進事例として、その可能性を示してくださった大橋博樹先生、清水導臣先生、菊池大和先生、福田 誠先生、そして制作において多大なるお力添えをいただいたプレジデント社の皆様に厚くお礼を申し上げます。

ドクターズ・ファイル編集部 クリニック未来ラボ 所長　牧 綾子

クリニック未来予想図
2035
現在の延長線上にはない、“医院”の新たな在り方

2024年12月12日　第1刷発行

著者	ドクターズ・ファイル編集部 クリニック未来ラボ
発行者	鈴木勝彦
発行所	株式会社プレジデント社 〒102-8641 東京都千代田区平河町2-16-1 平河町森タワー13階 https://www.president.co.jp/ https://presidentstore.jp/ 電話　編集 03-3237-3733 　　　販売 03-3237-3731
販売	高橋 徹、川井田美景、森田 巌、末吉秀樹、大井重儀
装丁	鈴木美里
組版	清水絵理子
校正	株式会社ヴェリタ
構成	八色祐次
編集	川又 航
印刷・製本	株式会社サンエー印刷

ISBN978-4-8334-5250-2
Printed in Japan